생각을 바꾸면
교육이 보인다

초판 1쇄 인쇄일 2014년 2월 5일
초판 1쇄 발행일 2014년 2월 8일

지은이 / 도성훈
펴낸이 / 윤미경
펴낸곳 / 도서출판 다인아트
　　　　출판등록 1996년 3월 8일 제 87호
　　　　인천광역시 남동구 구월3동 1096-19
　　　　tel. 032. 431. 0268 fax. 032. 431. 0269
　　　　www.dainarts.com
인쇄 / CNC미디어
제본 / 세종바인텍

ⓒ도성훈, printed in Korea
ISBN 978-89-6750-021-4
값 10,000원

※ 잘못된 책은 바꾸어 드립니다.

생각을 바꾸면 교육이 보인다

도성훈 지음

도서출판 다인아트

들어가며

참교육의 의미를 다시금 되새기며

평범한 교사로 출발했던 내가 사회에 눈을 뜨게 된 것은 학교 현장, 나아가 교육 현장의 모순 때문이었다. 상식적으로 이해할 수 없는 일들이 아이들을 가르치는 교육 현장에서 벌어지는 현실 속에서 답답함과 괴로움이 생겼고, 문제의식을 갖고 그것들을 해결하려다보니 예상하지 못했던 교육운동의 길에 들어서게 된 것이다. 본래 나는 내성적이었던 탓에 숫기가 없어 남 앞에 나서기를 꺼리는 성격이다. 그런 성격 탓인지 잘못된 교육 현실을 바로 잡기 위해 나설 때에는 내 스스로 힘든 순간이 많았다. 교사 생활을 시작한 지 30년이 지난 지금도 남 앞에 나서는 일이 썩 내키는 것은 아니다. 그리고 이렇다 하게 내세울 것도, 귀감이 될 만한 일도 없는 삶인데 살아온 길을 정리해 활자화한다는 것이 여간 부담스러운 것이 아니다. 솔직히 남 앞에 내 자신의 속살을 드러내는 것 같아 쑥스러운 생각이 든다. 유치장에 갇혀 내 인생의 자술서를 쓰는 것 같아 펜을 집었다 놨다를 반복하며 몇 번이나 망설이기도 했다.

책에서만 교육이 무엇인지 배운 상태에서 실제 교단에 섰을 때 많이 힘들었다. 교수법과 학생들과의 관계, 동료나 관리자와의 관계 등 모두가 몸으로 부딪치며 새롭게 배워야 할 것들이었다. 게다가 과중한 수업과 불필요한 잡무와 비교육적인 요구들이 마음 속에서 갈등을 일으키고 한데 뒤엉키면서 무기력증에 빠져들기도 했다. 그러다가 뜻 있는 동료 교사들과 깊은 이야기를 나누면서 학교와 교육 현실에 대해 문제 의식을 갖게 되었고, 점차 사회문제에 눈을 뜨게 되었다.

첫 발령지였던 성현고는 아직도 내 마음 속에 깊이 자리잡고 있다. 비록 2번이나 생존권과 교육권을 박탈당했지만 나에게는 첫 직장이었고 애정이 많은 곳이다. 잘못된 교육 현실을 바로잡아 제대로 된 교육을 하고 싶어 학내 민주화 투쟁을 벌이고 전교조에도 가입했는데 세상은 나를 가만히 내버려 두지 않았다. 잘못된 것을 바로 잡고 바른 말을 한다는 것이 얼마나 힘들고 위험한 일인가를 알게 해주려는 듯 개인에게 가해지는 탄압은 집요했고 또 치사했다.

전교조는 나에게 교육과 학생에 대해 새로운 생각을 갖게 했다. 학생들을 단순히 교육의 대상으로만 볼 것이 아니라 교육의 주체로 봐야 한다는 생각을 깨닫게 해줬다. 독재 권력에 의해 통제와 억압이 당연시되던 시절에는 아이들도 통제의 대상이었고 체벌의 대상이었다. 지식과 인격을 주입하는 대상에 불과할뿐 그것을 견디지 못하는 아이들은 낙오자였고, 나약하고 교육 훈련이 덜 된 존재에 불과했다. 성적이 처지는 아이들은 노력을 하지 않는 게으름뱅이로 치부했다. 교육계와 사회 전반에 폭 넓게 자리잡은 이런 인식들은 폭력에 가까운 학생 체벌을 묵인했고, 또 자살하는 학생들이 늘고 있는데도 별다른 동요를 보이지 않았다. 학생 자살사건은 한 순간 사회 이슈로 떠올랐다가 언제 그런 일이 있었느냐는 듯 이내 사그라들었다. 근본적인 대책은 헛 구호에 불과할 뿐이었다.

나는 전교조를 통해 아이들은 모두 존재를 존중 받아야 하고, 성적만으로 줄을 세울 것이 아니라 다양한 재능을 살릴 수 있도록 조건을 만들어 줘야 한다는 것을 알게 됐다. 또 아이들이 스스로 민주 시민으로 성장할 수 있도록 학생 자치 활동이 강화돼야 한다는 생각을 갖게 했다. 혼자만 잘 사는 것이 아니라 더불어 살아가는 것이 참된 가치임을 깊이 일깨워줬다. 학부모는 단순히 등록금을 대주는 물질의 제공자가 아니라 아이들 교육의 중요한 주체임을 알게 했고, 동료들은 승진의 경쟁자가 아니라 아이들 교육을 위해 서로 협력하고 배려해야 하는 교육의 중심 주체라는 것도 인식시켜 줬다. 관리자와 교육행정 당국은 학교 현장에서 학생, 교사, 학부모, 직원들의 교육 활동에 필요한 조건을 만들어 주고 행정적, 물적인 지원을 하는 것이 본업이라는 생각이 들게 했다. 또 문화와 예체능 교육을 통해 감성과 창조능력을 키워 주는 일이 교육의 중요한 가치임을 일깨워줬다. 사람답게 살기 위한 세상을 만들어 가려는 노동자, 시민단체 회원들의 고귀한 정신과 가치도 알게 됐다. 그래서 이러한 것들을 알게 해준 전교조는 내 인생의 가장 큰 스승이다.

돌이켜 보면 참 지난한 세월이었다. 어려움도 있었고, 포기하고 싶을 때도 많았다. 그러나 나를 버티게 해준 것은 이념도 권력욕도 명예욕도 아니었다. 그것은 아이들에 대한 차별과 그들이 겪고 있는 아픔이었다. 수업 시간에 식물처럼 앉아 시들어가는 무기력한 아이들을 볼때마다 나는 가만히 앉아 있을 수가 없었다. 그리고 교육운동 현장에서 만난 선배나 동료, 후배들의 헌신적인 열정과 배려가 든든한 버팀목 역할을 해줬다.

이제 인천은 새로운 발전의 전환기를 맞고 있다. 인천교육도 낡은 틀을 벗어던지고 새로운 미래로 나가야 할 시점이 됐다. 물론 내가 제시하는 교육에 대한 몇 가지 생각이 모든 이를 만족하게 하거나 모두 옳다고는 생각하지 않는다. 하지만 부족하나마 새로운 해법을 찾아 제시하고 이야기를 풀어나가는 것이 인천교육의 미래를 밝게 하는 변화의 시작이 될 수 있다는 믿음을 갖고 있다. 모든 아이들이 존중 받고, 다양한 재능을 마음껏 키우고 발휘할 수 있는 교육 여건을 조성하고, 신바람 나는 학교 문화를 통해 학생·교사·학부모·교직원 모두가 행복한 학교, 행복한 인천을 만드는데 조금이라도 도움이 된다면 나에게는 큰 위안이 되겠다.

교직 생활과 교육운동 30년을 되돌아 보면 그동안 많은 분들이 나의 길을 안내하고 이끌어 줬다. 전교조 합법화 과정에서 유명을 달리하신 분들, 올바른 교육을 위해 해직과 구속을 감수한 선생님들, 그런 선생님을 지키려던 학생과 학부모들, 모두가 나에게는 소중하고 잊을 수가 없는 분들이다. 특히 항상 곁에서 나를 응원하며 삶의 의미를 찾도록 해준 도종환 국회의원님, 호인수 신부님, 인하대 최원식 교수님, 최원영 박사님, 중앙대 이종구 교수님, 조용명 선생님, 이우재 선생님, 신현수 선생님, 그리고 색소폰을 지도해주시는 김직곤 선생님에게 깊은 감사의 말씀을 드린다. 또 이 글이 나오기까지 수고해준 한미디어 구준회 대표, 다인아트 윤미경 대표에게도 감사드린다. 지금까지 늘 곁을 지켜준 아내 김인숙, 부족한 아빠를 늘 이해하고 잘 성장해준 병준과 병욱이에게도 이 기회를 빌어 고마움을 전한다.

2014년 1월
도림동에서

추천사

전교조 교사의 전형이며 리얼리즘인
도성훈 선생님

도종환(국회의원)

  남쪽에서 태풍이 몰려온다는데 꽃대를 밀어 올리는 상사화를 본 적이 있습니다. 저 무모한 열정을 어찌해야 하나 하고 걱정하는 동안 먼저 꽃봉오리를 밀어올린 상사화의 신호를 바라보던 다른 꽃들이 연달아 분홍색 꽃대를 밀어 올리는 거였습니다. 세차게 몰려온 비바람과 암흑의 시간이 지나간 아침 그 꽃들은 참혹하게 쓰러져 있었습니다. 온 숲이 눈물을 흘리고 있었습니다. 그러나 다시 도전하는 꽃들, 뒤를 따라 일어서는 꽃들로 인해 산비탈은 결국 꽃밭으로 바뀌어 가기 시작했습니다.
  어떤 조건 속에서도 최선을 다해 피는 꽃들이 있습니다. 자기 내부로부터 거듭 나는 꽃들이 있습니다. 그 꽃들이 세상을 아름답게 바꿉니다. 그런 꽃 같은 사람들이 있습니다. 도성훈 선생님도 그런 사람 중의 하나입니다.
  그는 전기도 들어오지 않는 충청도 오지 마을에서 태어난 촌사람입니다. 조부모 밑에서 외롭게 성장했고 숫기가 없는 시골 소년이었습니다. 학생운동에 적극적으로 참여한 운동권 대학생도 아니었습니다. 보컬그룹을 결성해 가요제 준비에 여념이 없던 낭만적인 젊은이였습니다. 다른 사람과 크게 다를 게 없는 평범한 교사였습니다.

  그러나 사립재단의 비리와 모순 때문에 교사협의회에 참여하게 되었고, 그 모순과 맞서 싸우는 사학민주화 투쟁에 앞장섰으며, 그러다 전교조에 가입하였다는 이유로 해직교사가 되었습니다. 시대의 모순이 그를 치열한 인생을 살아갈 수밖에 없는 사람으로 만들었고, 시대의 부름에 응답하며 실천하고 헌신하였기 때문에 가난과 고난과 고통의 세월을 살아야 했습니다. 그 속에서 거듭나고 거듭나면서 인천지역의 교육운동을 이끄는 지도자, 인천 지역 사회의 지도자가 되었습니다. 이런 그를 우리는 전교조 교사라고 부릅니다.

  도성훈 선생님은 전교조 교사의 전형적인 인물입니다. 자신도 스스로 '나는 전교조 교사다'라고 말합니다. 세상은 전교조교사라는 이름을 낙인처럼 대합니다. 주홍글씨 취급합니다. 좌경이념으로 무장된 위험한 집단처럼 여기고 싶어 합니다. 그러나 도성훈 선생님 같은 사람이 전교조 교사입니다. 자기 내부로부터 거듭나면서 자신의 인생을 바꾸고, 학교를 바꾸고, 세상을 바꾸어 가는 사람들입니다. 우직한 사람들입니다. 올곧은 사람들입니다. 정직한 사람들입니다. 도성훈 선생님은 그런 교사의 리얼리즘입니다. 그의 인생이 한 편의 감동적인 작품인 사람입니다.

추천사

절망이 있는 곳에 희망을

호인수(인천 부개동 천주교회 사제)

예전에 서울 혜화동 로터리, 동성중고등학교 뒤쪽, 큰 길에서는 보이지도 않는 낙산 기슭에 작은 학교가 있었습니다. 오로지 천주교 사제 양성만을 목적으로 설립된 가톨릭대학 부속 성신중고등학교였습니다. 그 학교는 중세의 유럽 수도원처럼 전교생이 기숙사 생활을 했기 때문에 외부와는 철저하게 차단되어 있어 방학이나 해야 겨우 교문 밖을 나올 수 있었습니다. 1960년대 중반에 제가 다니던 학교입니다.

초등학교부터 대학까지 다니면서 지금껏 잊히지 않는 선생님들이 여럿 계시지만 나도 모르는 사이에 참 많은 영향을 받았구나 싶은 분을 꼽는다면 단연 그 학교에서 국어를 가르치시던 이병영 선생님입니다. 그분은 수업시간이면 자주 교과서의 내용보다는 우리가 감히 상상도 못한 바깥세상(우리는 교문 밖을 그렇게 불렀습니다.) 이야기를 들려주셨습니다. 높은 담 안에 갇혀만 지내는 어린 우리들이 안쓰러우셨던 게지요. 5.16혁명으로 위장된 군사쿠데타의 실체가 무엇인지, 박정희 소장과 측근의 군인들이 누구인지, 그들은 무엇을 노리며 얼마나 무서운 음모를 꾸미고 있는지, 그러니까 우리가 어떤 각오로 살아가야 하는지를 화가 잔뜩 난 얼굴로 침을 튀기며 말씀하셨습니다. 신문 한 장 볼 수 없던 우리들은 그때마다 쿵쿵거리는 가슴을 쓸어내리며 마른침을 꼴깍 삼켰던 기억이 생생합니다. 그분이 아니었다면 우리는 아마 아무것도 모른 채 바로 윗집인 대학에 진학했을 것이고 연일 동숭동에서 바람에 실려 오는 데모대의 함성과 최루탄 가스에 짜증만 부렸을지도 모릅니다. 안타깝게도 선생님은 정년이 되시기도 전에 세상을 떠나시고 말았습니다.

도성훈 선생님이 제게 와서 책을 낸다며 도움말을 부탁할 때 저의 은사였던 이병영 선생님과 더불어 문득 떠오른 게 1980년대 중반에 창립된 인천지역교사협의회에 대한 기억입니다. 경찰이 수백 명 동원되어 전교협 창립대회장인 주안5동성당(제가 그 성당의 주임이었습니다.)을 원천봉쇄하고 각 학교의 교장 교감 장학사 들이 총출동되어 참석 교사들을 살피고 귀가를 종용하는 등, 살벌한 광경이 연출되었습니다. 이에 항의하는 교사들이 경찰에 연행되는 와중에 저도 붙잡혀 닭장차에 실리기도 했었지요. 그 후로도 숱한 고난과 우여곡절을 겪으며 끝내는 전국교직원노동조합을 출범시키는 험난한 과정 속에 도성훈 선생님은 늘 현장에 계셨습니다. 이 책은 그런 선생님의 모습을 생생하게 잘 보여주리라 생각합니다.

박근혜정부가 들어서서 현 정권을 반대 또는 비판하는 세력을 싸잡아 종북으로 매도하면서 전교조는 법외노조로 낙인찍히고 또다시 큰 어려움에 봉착했습니다. 밖에서 닥치는 온갖 중상모략과 탄압에 굴하지 않고 이겨내야 하는 것도 만만치 않지만, 안으로 우리의 교육이 더 이상 절망적일 수 없을 만큼의 수준까지 떨어진 현실에 대해서도 일말의 책임을 지고 희망을 불러일으키는 일 또한 결코 소홀히 여길 수 없는 책무입니다.

〈오늘의 교육〉 편집위원인 엄기호는 최근에 쓴 책 〈교사도 학교가 두렵다〉에서 다음과 같이 말합니다. "전교협 해직교사들이 쓴 〈내가 두고 떠나온 아이들에게〉라는 책을 읽었을 때의 감동을 잊을 수 없다. 말문이 막혔고 가슴이 벅찼고 눈물이 나왔다. 이런 교사들이 있구나, 내가 다닌 학교는 학교가 아니구나, 학교는 이래야 하는구나. 누가 나에게 내 인생을 바꾼 책을 말하라면 나는 이 책을 맨 먼저 꼽는다."

도성훈 선생님은 엄기호가 말하는 전교협의 해직교사였습니다. 교사협의회와 전교조를 만들어 절망적으로 보이는 교육현실을 개선하고 참교육을 실현하는 데 젊음을 다 바친 그가 이제 50줄을 넘어서서 교육자로서의 여생에 남아있는 힘마저 온전히 다 쏟을 생각을 하는 것 같습니다. 저는 그에게서 아무것도 모르는 고등학생이었던 저의 눈을 뜨게 하시고 사람 만들어주신 스승, 이병영 선생님을 보았습니다.

추천사

대붕의 길을 나서는 그대, 도선생님

최원영(인하대 겸임교수, 극단 십년후 전 대표)

 이미 도뇌을 고등학교 시절부터 알았던 인연이 이렇게 질기게도 이어지고 있군요. 이 글을 처음부터 주욱 읽어보면서 나는 문득 『장자』의 「내편」 '소요유'에 나오는 첫 이야기인 대붕이야기가 떠올랐어요. 구만리를 치솟아 남해로 날아가는 대붕! 그러나 대붕은 태풍이 없으면 그저 땅위에서 수많은 이들에게 놀림을 당하는 삶을 살지요. 상상할 수 없이 큰 날개는 더 이상 비상하게 하는 날개가 아니라 땅 위에서는 거추장스러울 뿐이지요. 그런 바보같은 대붕을 보며 메추라기들은 놀려댑니다. '날지 못하는 바보'라면서 말이지요. 사실 메추라기는 날고 싶으면 날개를 움직여 지붕위에 오를 수 있고, 태풍이 불면 그저 숨으면 됩니다. 그런 삶이 마치 자유로운 삶이라고 자위하면서…
 그러나 그렇게 놀림 받던 대붕이 태풍이라는 엄청난 위기 앞에서 도도히 날개짓을 하며 하늘로 치솟아 오릅니다. 이런 대붕들이 있기에 세상은 조금씩 아름다워지겠지요.
 그저 '교사로 만족하고 살면 될 텐데', '그렇게 저항한다고 세상이 얼마나 달라지겠어'라며 메추라기로 살기로 작정한 많은 사람들은 빈정되겠지요. 그러나 대붕은 말이 없습니다. 그저 '허허'

하고 웃어넘깁니다. 마치 도인처럼 말이지요.

　도兄,
　그대의 삶을 읽어보니 어릴 때부터 곳곳에 태풍 같은 위기들로 가득 차 있더군요. 많은 사람들은 그와 같은 위기 앞에서 그저 숨어버리거나 오히려 위기를 벗어나는 방편으로 온갖 편법과 술수를 체득했을 테데, 도兄은 참으로 예쁘게 극복했더군요.
　메추라기는 자기 삶의 이익에만 관심이 있지만, 대붕은 남들의 아픔도 자신의 아픔처럼 가슴으로 안아줍니다. 그래서 그들이 아픔에서 벗어나도록 힘들지만 날개짓을 퍼득이겠지요.

　도兄,
　솔직한 심정으로 쉽지 않은 길을 그대가 걷고 있다는 생각을 떨쳐버릴 수가 없습니다. 그러나 그 미지의 세계는 누군가는 가야하지만 메추라기들은 도저히 갈 수가 없는 위험이 도사리고 있는 길이기도 합니다. 그래서 아무나 갈 수 없는 길이겠지요. 그 길로 가겠다는 그대의 선택이 안타깝기도 하고, 자랑스럽기도 한 이유입니다. 바로 남들의 슬픔까지도 자신의 슬픔으로 받아들이는 대붕들만이 현실의 안락함을 떨쳐낼 수 있기 때문입니다.

　도兄,
　그대가 선택한 길, 이제 그저 뚜벅뚜벅 걸어가시길 바랍니다. 수많은 메추라기들은 여전히 지붕 위에 앉아 재잘재잘 남의 얘기를 하며 자족하고 살겠지요. 대붕인 그대는 그들을 보며 사랑의 미소를 보내며 하늘을 유유히 활공하게 될 겁니다. 지금처럼 섹소폰을 불어대는 모습, 벗들과 함께 막걸리잔을 나누며 삶을 노래하는 모습, 그리고 초겨울이면 어려운 이웃을 위해 김장을 담그는 그 모습, 어려운 아이들을 위해 장학금을 마련하려고 돌아다니는 모습.. 바로 대붕의 모습이었습니다. 그대가 가는 길, 이제 저도 힘껏 손뼉을 치렵니다.

추천시

김인숙

신현수 (시인. 인천사람과문화 이사장)

내 학교 후배 도성훈은 어떤 사람인고 하니,
옛날,
인제 고등학교가 성헌고등학교였던 시절,
학교 민주화 운동에 앞장섰다가 파면된 사람이고,
싸움에서 승리하여 복직했다가
전교조 문제로 다시 해직되었던 사람이고,
그래서 해직기간 5년 동안
한 달에 한 30만 원쯤으로 살았던 사람이고,
그런데 기적처럼 그 돈으로 병준이와 병욱이
아들을 둘이나 키웠던 사람이고,
허구한 날 사람 만나느라
밤 12시는 초저녁으로 아는 사람이고,
온갖 연수와 집회 때문에
집에 안 들어가기 일쑤이다가,
모처럼 집에 들어갈 때에는
사람들을 우루루루 몰고 들어가
회의를 한다고 방안 가득

자욱하게 담배연기를 뿜어대면서
거실, 안방 다 차지하는 사람이고,
도대체 10년 이상 교육운동 말고는
다른 아무 것에도 관심이 없었던 사람인데,
그 도성훈의 마누라가
김인숙이다.

차례

들어가며 참교육의 의미를 다시금 되새기며 _ 5
추천사 전교조 교사의 전형이며 리얼리즘인 도성훈 선생님 _ 10
절망이 있는 곳에 희망을 _ 12
대붕의 길을 나서는 그대, 도선생님 _ 15
추천시 김인숙 _ 18

제1부 교사의 삶, 교육운동의 길

유년시절 - 자연이 나를 키우다 _ 25
초·중학교 시절 - 도시 생활에 적응하다 _ 28
고등학교 시절 - 힘든 입시경쟁을 겪다 _ 32
대학시절 - 낭만에 빠지다 _ 35
초임교사 시절 - 학교 부조리에 맞서다 _ 38
전교조 시절 - 전교조 창립에 참여하다 _ 46
해직교사 시절 - 복직 투쟁을 벌이다 _ 51
복직교사 시절 - 행복한 교실을 꿈꾸다 _ 59
전교조 인천지부장 시절 - 인천교육 현안 개선에 앞장서다 _ 62
중견교사 시절 - 행복한 교육을 실천하다 _ 69

제2부 도성훈, 인천교육을 말하다

학력 향상 방안을 말하다 _ 83
교육 복지를 말하다 _ 101
교육 양극화 해소를 말하다 _ 110
투명한 교육행정을 말하다 _ 128
평화로운 학교, 안전한 학교를 말하다 _ 139

제3부 가르치며 생각하며

시국 법회 _ 155
자살을 부르는 사회 _ 157
김익선 선생님 _ 158
고고70 _ 159
간송미술관 _ 161
김형선 선생님 _ 163
김장 _ 166
소래산 _ 170
논어 책거리 _ 173
눈 _ 175
선시어외 _ 177
병욱에게 _ 179
첫 산악 라이딩 _ 181
담임교사 1일차 _ 183
황진도 선생님 _ 186

성헌고 제자들 _ 191
야~ 야~ 이리 나와라! _ 192
스승의 날 _ 196
전교조 인천지부 창립 20주년에 부쳐〉
- 죽음으로 전교조를 지킨 동지들에게 _ 198
봉하마을 _ 205
밝은 터와 허용철 선생님 _ 206
초등학교 동창 강금옥 _ 209
사랑스런 나의 제자 _ 210
도라지 _ 212
솔아 솔아 푸르른 솔아 _ 214
어머니 _ 216
마이너리티 리포트(Minority Report) _ 219
고교등급제와 인천교육
- 교육 목표의 패러다임 바꿔야 _ 222
교육의 질을 좌우하는 교육시설 및 환경의 질 _ 224
인천교육운동의 발자취 _ 228
미래의 아이들을 위한 나눔이 행복입니다 _ 232
재창간이라는 마음가짐으로 지역 언론의 횃불 되길… _ 234
함께 가는 동지, 인천 민족미술인협회 _ 236

제1부

교사의 삶, 교육운동의 길

유년시절
자연이 나를 키우다

　내가 태어난 곳은 충청남도 천안시 목천읍 석천리다. 어릴 때에 전기도 들어오지 않고 버스도 다니지 않았던 산골 오지였다. 현재 독립기념관이 들어선 목천면사무소 소재지에나 나가야 천안 가는 버스를 탈 수 있는 곳이었다. 당시 목천에는 버스편이 별로 없어 버스를 놓치게 되면 천안시내를 가기 위해 아홉사리 고개를 넘는 산길을 3시간 정도 걸어야 했다. 평택군 대사리에 사시다가 중매로 아버지와 결혼하신 어머니는 트럭을 타고 시집을 갈 때 수많은 고개를 넘으면서 너무 궁벽한 산골이어서 한숨과 눈물을 많이 흘리셨다고 한다. 사찰과 사당 등을 짓는 대목수였던 할아버지는 한국전쟁 때 천안에서 도씨 집성촌인 석천리 산골로 피난을 와 땅을 일구고 터전을 잡느라 많은 고생을 하셨다고 한다. 얼마 되지 않는 산골 땅을 일궈 자식들을 키우고 건사하느라 고생을 많이 하셨던 것 같다. 아버지는 결혼해 나를 낳고는 궁핍한 산골 생활을 벗어나기 위해 잠깐 천안에서 직장생활을 한 뒤 강원도 철암에 있는 주물공장에 취직해 어머니와 함께 분가를 하게 됐다. 부모님은 타지 생활을 위해 어린 나를 떼어 놓고 멀리 분가를 했기 때문에, 나는 조부모님과 큰고모 슬하에서 어린 시절을 보냈다.

　작은 산 중턱 산골 동네에 자리 잡은 우리 고향집은 목수였던 할아버지가 산에서 나무를 베어다가 손수 재목을 만들어 지은 집이었다. 주춧돌에 올려진 기둥에서부터 서까래나 문짝까지 할아버지가 직접 일일이 만들어 지으셨다. 석천리는 사방을 둘러봐도 산뿐이어서 '산방'이라 불렸는데, 천안 사람들은 '잠뱅이'이라고 부르기도 했다. 산골이기는 했지만 큰 동네와 작은 동네로 나뉘어졌고, 근처 둥구재라는 곳에도 집이 몇 채 있었다. 고향 동네 입구에는 400년 된 아름드리 느티나무가 서 있다. 둥구나무라는 이름이 붙여진 이 느티나무는 어른 양팔로 세 번을 둘러야 할 정도로 거목이다. 지금도 무성한 가지와 풍성한 줄기를 자랑한다. 어릴 때나 지금이나 이 둥구나무는 동네 사람들의 모임 장소이자 아이들의 놀이터였다. 나무 가지에 그네를 매어 동네 처녀 총각들이 그네를 타며 놀곤 했다. 나는 어린 시절 많은 시간을 이 둥구나무에서 보냈다. 나무 밑에서 놀 때마다 먼 산을 바라보며 자주 생각에 잠기곤 했다. 멀리 분가해서 떠난 어머니를 그리워하기도 했고 미래에 대한 꿈과 넓은 바깥 세상에 대한 동경을 키우기도 했다. 지금도 둥구나무는 내 영혼의 심연처럼 가슴 속에 깊이 뿌리를 내리고 있다. 나이가 50줄에 들어선 뒤로는 고향을 찾게 되면 어김없이 이 느티나무 그늘에 앉아 어린 시절을 회상하곤 한다.

유년시절 기억으로는 봄이면 산에 올라 진달래를 따 먹던 일, 들에 지천이었던 달래와 냉이를 캤던 생각이 자주 떠오른다. 쇠풀을 뜯기러 갈 때마다 동네 개구쟁이들과 어울려 다래나 으름, 머루, 칡뿌리 등을 곧잘 따 먹곤 했다. 인스턴트 음식이 별로 없던 시절 산에 지천으로 널린 열매들은 개구쟁이들의 좋은 간식거리였다. 마을을 휘돌아 나가는 개울에는 가물치나 메기, 붕어들이 많이 살아 개구쟁이들을 곧잘 불러들이곤 했다. 여름철이면 어른 무릎이 잠길 정도의 얕은 개울에서 땅 짚고 헤엄치기를 하며 고기도 잡고 검정 고무신으로 트럭을 만들어 소꿉장난하며 하루를 보내곤 했다. 가을이면 마을 주변에 호두와 감, 고염 등이 지천으로 열려 눈과 입을 즐겁게 했다. 바퀴가 세 개 달린 구루마를 만들어 타기도 하고 굴렁쇠와 자치기 등을 즐기기도 했다. 겨울에는 썰매를 만들어 마당이나 개울, 무논 등 얼음이 어는 곳이면 어디든지 달려갔다. 몇 살 때인지 정확하게 기억나지는 않지만, 명절에 집에 오실 부모님을 기다리다 지쳐 읍내까지 먼 길을 혼자 걸어갔던 기억이 난다. 문명의 이기라곤 찌직거리는 라디오가 전부였던 시절, 산과 들판은 내 어린 시절의 놀이터였고 또 나를 성장시킨 훌륭한 배움의 장이기도 했다. 지금도 햇볕 좋은 겨울날 사랑방 앞에서 이를 잡아 주고, 꽁꽁 언 개울의 얼음을 깨어 빨래하고, 물을 길어 오시던 할머니 모습이 눈에 선하다. 할머니는 별로 내색은 하지 않았지만 부모를 멀리 떠나 보내고 혼자 크는 내가 애처로웠던지, 매 끼니때마다 뜨거운 밥을 지어 놓고 놀기에 정신이 팔린 나를 찾아 헤매는 등 늘 변함없는 애정을 보여줬다. 돌이켜보면 할아버지 할머니의 무조건인 사랑 속에서 자연과 함께 보낸 유년시절 10년이야말로 내 인생을 살찌우게 한 가장 큰 자양분이란 생각이 든다. 유년 시절 조부모님이 나에게 보여줬던 아낌 없는 사랑, 끝없는 내리 사랑이야말로 그 어느 것보다 이 세상을 따뜻하게 만들 수 있다는 확신을 나는 갖고 있다. 교사가 된 뒤로 항상 조건없이 나를 감쌌던 조부모님의 사랑을 잊지 않으려 노력하고 있다.

초 · 중학교 시절
도시 생활에 적응하다

　직장 때문에 아들을 할아버지와 할머니에게 맡기고 강원도 철암에 따로 살림을 차렸던 부모님은 10살 때 멀리 부평에 정착해 나를 불러들였다. 시골학교에서 3년간 학교를 다녔던 나를 부평남국민학교로 전학시켰다. 당시 우리 집은 지금의 부평 성모병원 건너편 골목에 있었다. 성모병원에서 부평역으로 조금 내려가는 길목에 사진관이 있었는데, 우리 식구는 사진관 맞은 편 골목에 있는 단독주택 단칸방에 세를 들어 살았다. 나는 부모님과 함께 살게 돼 좋기는 했지만 시골에서 자란 탓에 갑자기 도회지에 살게 되면서 도시생활에 적응하느라 무척 애를 먹었다. 어릴 때부터 워낙 말수가 적고 숫기조차 없었던 나는 학교 생활에 적응하거나 새로운 친구를 사귀는데 긴 시간이 필요했다. 다행히 주인집에 같은 또래의 광식이가 있어, 근처에 사는 다른 친구들과 어울릴 수 있게 됐고 학교나 도시생활에 적응할 수 있었다. 이때에 친구들과 어울려 다니며 그 전에 잘 몰랐던 욕을 많이 배웠던 것 같다. 친구들을 따라 한동안 나도 자주 욕을 했던 것이 기억난다. 하지만 5학년 때인가 문득 이러면 안 되겠다 싶어 욕을 하지 않으려 다짐하게 됐다. 어릴 때 할아버지, 할머니가 욕을 하게 되면 천한 인간이 된다며 절대 입 밖에 내지 못하도록 했기 때문이다. 이때 욕설을 끊게 된 탓인지 아무리 기분 나쁜 일이 생겨도 입 밖으로 쉽게 튀어 나오지 않는다. 이후로 친구들이 이따금씩 못난이 취급을 하며 욕을 해보라고 반강제적으로 권하기도 했는데, 어쩌다 욕을 담게 되면 어색하기 짝이 없다.

10년 만에 함께 살게 된 부모님은 항상 자애로웠던 할아버지, 할머니와는 달리 엄하게 나를 대했다. 평택의 대농 집안 출신이었던 어머니는 아버지보다 더 엄격했다. 비교적 유복한 집안에서 자랐던 어머니는 산골의 가난한 집안으로 시집을 왔지만 어려운 살림 속에서도 늘 주변 사람들에게 따뜻하고 경우가 밝고 배려가 많았던 분이었다. 하지만 조부모 밑에서 어리광을 부리며 철부지처럼 자랐던 내가 이따금 잘못을 했을 때에는 회초리를 들고 매섭게 야단을 치곤 하셨다. 아마 아들이 잘못된 길로 들어서면 어쩌나 하는 노파심에서 잘못을 할 때마다 회초리를 들었을 것이다. 어머니

나의 가장 든든한 후원자 부모님

는 중학교 2학년 때 마지막 회초리를 잡은 뒤, 이후로는 한 번도 회초리를 들지 않았다. 자식이 살아가면서 자기 판단이 설 나이가 됐고, 굳이 야단을 치지 않더라도 크게 엇나가지 않겠구나 생각을 하셨던 것 같다. 이후로는 남은 일생을 자식 뒷바라지에 전념하며 사셨다. 아버지는 아들의 성장기 교육문제 대해서는 어머니에게 일임했다고 할 정도로 한 번도 회초리를 들거나 야단을 친 적이 없다. 가족을 책임진 가장으로서 늘 묵묵히 맡은 일에 충실한 분이었다. 항상 성장하는 나를 묵묵히 지켜 보시며, 아들에 대한 변함없는 신뢰를 보여 줬다. 내가 선생이 된 뒤 조부모님의 무한한 사랑과 어머니의 엄격함, 아버지의 신뢰는 늘 잊지 않으려 노력하는 가장 큰 덕목이기도 하다. 요즘은 나이가 든 탓인지 학생들에게 엄격하기보다 아버지가 나에게 보여줬던 것처럼 믿음을 갖고 기다리는 데 더 익숙해졌다.

부평남국민학교를 졸업한 후 부평동중학교로 진학했다. 당시 부평에는 부평중학교와 부평동중학교 두 곳만 있었는데 추첨을 거쳐 부평동중에 배정됐다. 당시 부평동중는 한 학년의 학생이 750명이나 될 정도로 학생들이 많았다. 지금이야 상상하기 어려운 초과밀 학교지만, 당시에는 한 학년 학생이 수백 명이 되는 학교들이 많았다. 교육 예산이 넉넉지 못해 학교를 새로 짓기가 쉽지 않았기 때문이다. 중학교 때에는 체격이 큰 편이어서 공부와 함께 축구와 철봉 등 운동에 매력을 느꼈다. 시간이 날 때마다 축구공을 차거나 철봉에 매달리곤 했다. 친구들과 축구 멤버를 구성해 축구명문인 부흥국민학교 선수들과 시합을 여러 번 벌이기도 했다. 중학교 2

여전히 따뜻한 정이 넘치는 개구쟁이 시절 친구들과

학년 때에 철봉놀이를 하다가 떨어져 오른쪽 팔목이 부러진 적이 있다. 이 때문에 수학여행을 가지 못하게 됐는데, 운동 대신 책을 가까이 하게 된 계기가 됐다. 이것저것 닥치는 대로 읽어대는 난독이기는 했지만, 팔에 붕대를 감고 터득한 독서 습관은 사고의 깊이와 폭을 넓혀줘 내 인생에 많은 도움이 됐다. 공교롭게도 부러진 팔로 인해 가능성도 배웠다. 부러진 팔이 아무는데 오랜 시간이 걸려 상업 수업때 오른 손 대신 왼 손으로 주판을 배우게 됐다. 오른손잡이라 불가능할 것처럼 여겨졌던 왼손 주판이 지속적인 연습을 통해 익숙하게 됐다. 팔목 부상으로 가고 싶은 수학여행을 가지는 못했지만, 인생에서 중요한 독서 습관을 터득하고 또 가능성도 발견하게 됐다.

고등학교 시절
힘든 입시경쟁을 겪다

　고등학교는 특수지 고교 선발 시험을 거쳐 부평고등학교에 진학했다. 내가 고등학교에 진학할 때에는 1978년부터 제도가 바뀐 이른 바 '뺑뺑이'를 통해 학교가 배정됐다. 하지만 부평고등학교는 특수지 고교로 분류돼 선발시험을 통과해야만 들어갈 수 있었다. 내가 부평고에 입학했을 때, 나와 함께 입학한 학생들의 실력이 저조하다고 학교측이 판단했는지 매우 엄격한 스파르타식 교육을 시켰다. 밤 늦게까지 자율학습을 진행했고 시험도 잦았다. 일일고사, 월말고사, 모의고사와 함께 수업시간에 보는 쪽지 시험까지, 학교생활을 거의 시험 속에 파묻혀 살았다. 시험 결과는 늘 복도 벽에 성적순으로 게시됐다. 또 평균을 내어 전국의 명문고교와 늘 비교하곤 했다. 나에게는 이때가 참 힘들었던 시기였다. 성적에 대한 엄청난 중압감 때문에 늘 짓눌려 살았다. 중학교 때와 달리 수시로 치러지는 시험, 시험을 위한 수업에 질려 버려 성적이 하위권으로 곤두박질쳤다. 치열한 경쟁 속에서 수업을 따라가기가 힘들어 성적이 하위권에서 벗어나기가 쉽지 않았다. 여기에다 매주 월요일마다 질서정연하게 줄을 서서 교장선생님의 훈시를 들어야 했던 월요 조회, 교련복을 입고 총검술을 배워야 했던 교련시간 등은 나를 지치고 힘들게 했다. 제한된 공간속에서 아침 8시부터 밤 9시까지 생활하며 마치 병영처럼 교련까지 배워야 하는 것은 한창 성장

고교시절 동기들과 속리산에서

기였던 나를 옥죄고 숨 막히게 했다.

한창 대학시험에 매달려야 할 고등학교 3학년 때 삼능 희망촌으로 이사를 하게 됐다. 할머니가 병환으로 쓰러지는 바람에 할아버지 할머니를 모시느라 합치게 됐는데, 산 아랫자락에 위치한 방 두 칸짜리 무허가 주택에서 전세살이를 했다. 전셋집은 방 두 칸뿐이어서 공부방을 따로 가질 수 없었다. 학교를 파하면 곧장 지금의 동아아파트 근처에 있는 한 독서실에 들어가 새벽 2시까지 공부했다. 밤늦게까지 공부에 열중한 덕분인지 하위권을 맴돌던 성적이 중위권으로 껑충 뛰어 놀랐다. 당시 대입시험이었던 예비고사와 본고사를 거쳐 중앙대에 입학했다.

공부는 집중이 중요하며 스스로 해야겠다는 결심이 서야 한다는 것을 대입시험을 준비하며 절실하게 깨달았다. 지금도 공부는 결국 혼자만의 고독한 여정이라는 생각을 갖고 있다. 그 속에 앎의 즐거움과 성취를 느끼는 것이다. 먹지 않으려는 사람에게 아무리 억지로 먹이려 해도 본인이 원치 않으면 먹일 수가 없다. 결국 교사의 역할은 공부할 동기를 찾아가는 학생들에게 다양한 조건을 만들어 주고 자기의 길을 찾아 가도록 안내하고 도움을 주는 조력자가 아닐까 하는 생각이 든다.

대학시절
낭만에 빠지다

    대학에 들어간 뒤로는 80년대 대학가를 점령했던 수많은 시위 현장을 목격했다. 내가 대학에 들어갔던 80년대 초반은 대학가를 중심으로 민주화를 요구하는 집회와 시위가 많았던 시절이었다. 대학에 들어간 1979년에 박정희 대통령이 자신의 심복이었던 김재규 중앙정보부장의 총탄에 의해 죽음을 맞이하면서 정국이 극도로 혼란해졌다. 각지에서 민주화를 요구하는 목소리가 높아지면서 학내 시위도 빈번해졌다. 내가 입학했던 중앙대도 예외는 아니었다. 오히려 다른 대학에 비해 데모가 더 극심한 편이었다. 2학년 때 휴교령이 떨어지고 대학 운동장이 군인들의 병영으로 변신했다. 이때 나는 사회의식이 적었던 탓에, 민주화 대열에 적극적으로 참여하거나 시위에 제대로 끼어 보지 못했다. 대학생들이 사복 경찰에게 잡혀 얻어맞는 모습을 멀찍이 바라보면서 가슴속으로만 아파했던 주변인이었다. 시위에 참가했던 학생들이 사복경찰에게 두들겨 맞고 머리채를 잡혀 끌려가는 모습을 볼 때마다 가슴속에서만 분노가 치솟을 뿐이었다. 솔직히 당시에 나는 낭만적인 대학생활에 더 빠져 있었다. 친구들과 보컬그룹을 결성해 방송국이 개최하는 가요제에 참가하기 위해 흑석동 연습실에서 살다시피 했다. 내가 베이스를 맡았는데, 2차 예선에서 보기 좋게 탈락했다. 이 경험 덕분에 부평극장 골목의 한 지하다방에서 디스크 자키 노릇도 하

해운대 신혼여행

고 친구와 어울려 무전여행을 떠나기도 했는데, 푸르렀던 청춘시절 아름다운 추억으로 남아 있다.

2년간 군대 복무를 마치고 복학한 후 대학 4학년 때 만난 나의 반려자 김인숙에 대한 얘기도 빼놓을 수 없다. 김인숙은 4학년 여름방학 때 3박4일간의 강원도 두타산 무릉계곡 휴가가 끝나고 돌아오는 버스 안에서 만난 여인이다. 우리는 버스 안에서 참 많은 얘기를 나누었다. 이때의 설렘을 나는 지금도 잊을 수가 없다. 졸업 후, 85년 7월 약혼을 하고 이듬해 1월 결혼식을 올렸다. 강화도 출신으로 영등포여상을 졸업한 김인숙은 누구보다 마음이 넓고 이해심이 많은 여자다. 평탄하지 않은 내 인생에서 녹록지 않은 세월을 함께 겪으며 두 아들을 잘 키워준 아내에게 나는 항상 감사한 마음을 갖고 있다. 내가 교사가 돼 전교조 활동으로 퇴직당한 뒤에도 별다른 군말 없이 묵묵히 뒷바라지해온 가장 든든한 후원자다.

내가 교사의 길에 접어든 데에는 할아버지 영향을 적지 않게 받았다. 시골 훈장으로부터 한학을 배우신 할아버지는 똑바른 자세로 내게 한문을 가르치며 올바로 사는 것이 무엇인가 일깨워 주려 노력하셨다. 마침 지도교수도 교직을 이수할 것을 권유해 자연스럽게 교사의 길을 걷게 됐다.

초임교사 시절
학교 부조리에 맞서다

85년 2월 대학을 졸업한 뒤 한 달 후에 사립학교인 인천 성헌고등학교에 교사로 부임했다. 당시 성헌고의 교장은 재단 이사장의 부인이었다. 교장은 보수적인 교육관을 가지고 있었지만 돈 문제에 대해서는 깨끗했고, 교사나 직원을 채용할 때 친인척이라고 해서 특별 채용하지는 않았다. 다만 직원회의 시간에 인격적인 모욕을 주는 막말을 서슴없이 내뱉고 개인을 찍어서 나무라는 경우가 종종 있어 교사들을 힘들게 만들었다.

87년에 새로운 재단이 들어서게 됐는데, 학교 운영 과정에서 조금씩 이상한 일들이 벌어졌다. 교사가 턱없이 부족했는데도 정규 교사를 임용을 하지 않고 임시격인 강사만 채용했다. 때문에 학생들에게 돌아가는 피해가 이만저만이 아니었다.

학교 운영에 의혹을 갖게 되면서 잘못된 상황을 인식한 동료 교사 8명이 모여 1월에 유성으로 여행을 떠났다. 자연스럽게 학교에 대한 이야기가 나오고, 그동안 몰랐던 사실을 알게 됐다. 그동안 각자 내색을 하진 않았지만 다들 '이게 아닌데…'라는 인식을 갖고 있었다. 때마침 전국교사협의회가 결성된 지 얼마 되지 않은 시기여서, 우리도 교사협의회에 가입해야 하는 것이 아니냐는 논의도 했다. 그렇게 유성에서 시작된 만남이 다른 동료 교사들까지 합류하면서 하나의 모임이 됐다. 88년도 5월에 십정동성당에 있던 경인교사협의회를 찾아가 협의회 소속 교사들을 만나게 됐고 가입까지 하게 됐다.

여름방학 때 14명의 교사가 홍천강으로 연수를 가 평교사협의회를 조직해 학내 문제에 대해 개선을 요구하자고 의견을 모았다. 그때 성헌고는 우열반 운영, 부족한 교원 수, 강사 남용 등 학교 운영에 문제점이 비교적 많은 편이었다. 14명의 교사들은 홍천 연수를 통해 비장한 결의를 다졌다. 2학기 개학 전에 교사협의회 결성을 위한 준비 작업을 마친 뒤 2학기 개학 첫 날인 8월 23일 직원회의 시간에 협의회 결성을 선언했다. 평교사협의회 발족을 알리자 뜻 있는 동료 교사 9명이 더 합류했다. 그 날 저녁 23명의 교사들이 부평극장 인근 음식점에서 평교사협의회를 공식 발족하고 내가 첫 회장을 맡았다.

교사협의회 발족을 하고 다음날 교장실을 찾았다. 교사협의회 명목으로 26개 요구사항을 만들어 교장실에 들어가 전달한 뒤 기한 내에 답변을 달라고 요청했다. 그때부터 긴장되는 학교생활이 이어졌다. 우리는 학교 측의 회유책에 대비해 교장이 개별로 호출하면 절대 가지 않고 대표를 통해 협상하기로 원칙을 정했는데 모두 일사불란하게 약속을 지켰다.

이후 평교사협의회와 학교 측의 협상은 지난한 과정이었다. 한 달이 지나도 별로 진척이 없었다. 참다 못해 10월초에 학교 비리에 대한 국정감사를 요청했다. 그러자 재단 이사장과의 담판에서도 진척이 없던 협상이 풀리기 시작했다.

처음에 지리하게 버텼던 재단과 학교 측이 막상 협상에 들어가자 요구사항 26개에 대한 해결책을 빠르게 내놨다. 재단측이 두세 가지 요구사항만 빼고는 수용하겠다는 의사를 보여 합의서를 작성했다. 직원회의 시간에 교감이 합의사항을 전 교사들에게 낭독했다. 나는 협의회를 대표해 요구사항을 수용해줘서 고맙다고 인사하고 앞으로 협력해 잘 해보자는 말까지 덧붙였다. 그동안의 갈등을 풀고 친목도 도모할 겸 배구대회를 열어 막걸리도 나눴다.

겨울방학 즈음에 조직을 개편해 김순래 교사가 교사협의회 회장을 맡고 나는 부회장으로 내려 앉았다. 그런데 뜻하지 않게 숙직 도난사건이 발생했다. 교사협의회 회원이었던 한 교사가 숙직하는 날, 학교 서무실 금고가 뜯기고 현금 400만원을 도난당한 것이다. 하지만 학교 숙직실과 서무실은 상당히 떨어져 있었고, 금고 안에 그렇게 많은 현금이 들어 있었다는 것도 믿기 어려운 일이었다. 아무튼 학교측은 숙직교사가 근무를 소홀히 해 도난 사고가 발생했다며 이 교사를 징계하겠다고 통보했다. 우리는 이를 교사협의회 활동에 대한 보복으로 판단해 받아들일 수 없다고 맞섰다. 학교측이 강경한 입장을 보이면서 다시 대립할 수밖에 없는 상황이 연출됐다.

겨울방학 중에 교사들이 학교에 나와 항의하는 모임을 갖고 교사들의 의지를 전달해도 학교 측은 물러서지 않았다. 어쩔 수 없이 그동안 쌓였던 재단 비리를 폭로하며 전면전을 벌일 결심을 굳히게 됐다. 결국 이 교사는 권고사직 형태로 교사직을 그만 두었다. 하지만 그 넓은 학교를 혼자 지키며 숙직하는 와중에 발생한 도난

사건에 대해 책임을 지고 교사직을 그만 둬야 한다는 것은 개인에게는 너무도 억울한 일이었고 또 불합리한 것이기도 했다.

  2월 개학하기 전에 학교측의 학생 차별 대우 등 운영 과정의 문제점을 다룬 자료를 만들었다. 성헌고는 87년도에 처음 추첨을 통해 학생들을 받았는데, 88년도부터 2학년 이상 학생들을 우열반으로 나눠 차별 대우가 극심했다. 보충수업 시간에 우수반은 정교사가 들어가고 열반은 기간제 교사 비슷한 임시강사들이 맡는 식이었다. 그러다보니 임시강사들이 몇 달 가르치다가 이직하는 일이 빈번하게 일어나 어떤 반은 1년 동안 교사가 4번 바뀌기도 했다. 또 학교측은 열반 학생들만 골라 청소와 같은 궂은 일을 시키면서 팔뚝에 도장을 찍어 확인하기도 했다. 이외에도 족벌체제로 운영되는 재단에도 문제가 많았고 매점 운영도 정상적이지가 않았다. 협의회는 이런 문제들을 담은 자료를 복사해 전교 학생 집에 우편으로 발송했다. 그래서 학부형들이 학내 문제에 대해 전부 다 알게 됐고 일부 학부모들은 높은 관심을 보여 직접 만나 설명하기도 했다.

  일이 커지자 학교측은 더 이상 안되겠다 싶었는지 새학기가 시작되기 전에 서둘러 징계위원회를 열었다. 나와 김순래, 김대호 교사가 교사협의회를 만들었다 해서 징계 사유가 만들어졌고, 다른 교사 두 명은 생활기록부와 출석부 기재 오류로 징계위에 회부됐다. 징계위는 일사천리로 진행돼 다섯 명 중 3명에게는 파면, 2명은 해임 처분을 내렸다. 징계 결과는 때마침 학교를 방문해 교장을 만났던 한겨레신문 김영환기자가 미리 알아내 교무실에 전화로 알려줬다. 당시 한겨레 김 기자와 인천일보 이문일 기자는 상황을 잘 파악하고 있어 우리 교사들에게 많은 도움을 줬다. 우리는 도저히 학교측의 일방적인 징계 결과를 받아들일 수 없었다. 교무실에 있던 모든 교사들이 공분을 표시했다. 우리들은 그때부터 교무실에 주저앉아 징계 철회를 위한 농성에 들어갔다.

2학년 담임이었던 나는 교실에 들어가 처음으로 학생들에게 전후 사정을 소상하게 말해 주고 앞으로 학교를 못 나오게 될 것이라고 이야기했다. 학교의 비리나 파행적 운영에 대해서는 교사들이 나서서 해결해야 하고 학생들에게는 말하지 않는 것이 좋겠다는 것이 당시 우리 교사들의 일치된 생각이었다. 교사들이 해임된다는 사실을 뒤늦게 알게 되자 학생들은 적잖이 놀랐고 당황스러워했다. 나는 "3년 정도 지나면 다시 돌아올 것이니 너무 걱정 마라, 그동안 공부 열심히 하고 있어라"며 애써 진정시키고 황망하게 교실을 빠져 나올 수밖에 없었다. 이후로는 교무실에서 동료교사들과 함께 둥그렇게 둘러앉아 항의 농성을 계속했다. 봄날 토요일 오후였던 그날은 햇빛이 유난히도 맑고 청명했다. 농성 와중에 창밖을 보니 학생들이 운동장 가운데로 모여 들더니 운동장에 철퍼덕 주저 앉아 같이 농성을 시작했다. 일부 교사들이 말리는데도 하교하던 학생들까지 되돌아와 운동장 농성에 합류했다. 교사들은 교무실에서, 학생들은 운동장에서 학교가 온통 농성장으로 변한 것이다. 학생들이 집에 오지 않자 이번에는 학부모까지 100여명이 학교로 몰려왔다. 부평역에서 학교 문제를 외부에 알리던 인천교사협의회 교사들까지 몰려오면서 교정은 순식간에 사람들로 북적거렸다.

사태 해결을 위해 학생 대표, 교사협의회 대표, 학부모 대표, 재단 대표와 학교측 대표들이 한 자리에 모였다. 학생들을 전부 교실로 들여보낸 뒤 교장실에서 우리 반 학생 삼촌의 사회로 때 아닌 청문회가 벌어지게 됐다. 청문회에서 교사협의회가 그동안 조사해 온 재단과 학교측의 비리가 폭로되면서 학생과 학부모들까지 모두 학교의 어두운 실상을 낱낱이 알게 됐다.

청문회를 통해서 교사 임용 비리 등 학교 측의 전횡이 폭로됐다. 재직 교사가 법정 교사수에 비해 턱없이 모자라는데도 임시 강사로만 채운 실정도 공개됐다.

당시 성헌고는 87년도에 영어과, 사회과 교사 두 분을 열악한 급여 조건에 강사로 채용한 뒤 1년 만에 떠나게 했다. 학교측이 교사 인건비를 줄이기 위해 강사를 남용하는 바람에 88년 한 해 동안 8명이 바뀌기도 했다. 2학년 열반의 경우 수학 강사가 4번이나 교체되면서 입시 필수 과목인 수학시간이 일주일이나 결손되는 일도 일어났다. 심지어 한 불어과 교사는 전임교사였는데도 수업시간이 적다는 이유로 강사 월급을 받았다. 같은 강사인데도 어떤 강사에게는 보너스를 지급하고 다른 강사에게는 지급하지 않는 묘한 일이 벌어졌다. 이로 인해 실력이 크게 저하되는 등 학생들의 피해가 이만저만이 아니었다. 강사의 경우 신분이 불안정한 상태이기 때문에 소신껏 지도할 수가 없어 학생들이 고스란히 피해를 입게 된다. 그런데도 학교측은 오히려 실력 저하를 교사 탓으로만 돌렸다.

성헌고는 당시 법규상에 강사의 임용은 불가피한 사유로 인한 수업 결손의 경우에만 엄격하게 운영하도록 규정돼 있는데도 경비 절감과 교사 통제를 위해 편법을 자주 썼다. 물론 눈치를 봐야하는 강사들이 자율권을 갖고 소신껏 학생들을 가르치기에는 너무도 어렵고 벅찬 환경이었다.

  청문회가 끝난 뒤 인천교사협의회는 성헌고 평교협, 학부모 대표와 공동으로 대책위를 구성해 성헌고 교사 지원에 나섰다. 경인여상 평교협은 학생들과 함께 성헌고 정상화 투쟁을 적극 지원했다. 일반교사와 학부모들이 조직적으로 투쟁 지원에 나선 드문 사례였다.

  교사와 학부모들이 '성헌고 교육정상화추진공동대책위'를 구성해 가두 행진과 야외 집회를 벌였다. 학부모 대표 교사 대표의 교육감 면담, 교육감실 점거 철야 농성, 언론 보도 등이 이어져 인천 사회의 이슈로 부각되면서 결국 재단 측이 굴복하고 말았다.

  성헌고 사태에 대한 당시 학부모들의 분노는 정말 대단했다. 매일 30~40명씩 농성장을 찾았는데, 자녀들이 당한 성적에 따른 차별과 재단의 비리, 파행적인 학사 운영에 공분을 감추지 않았다. 몸을 사리지 않고 전경들과의 몸싸움도 불사했다. 농성이 계속되자 지역 사회단체에서 지지 방문이 줄을 이었다. 그동안 방관자적 태도를 보이던 시교육청이 더 이상 방치하면 안 되겠다 싶었던지, 재단과 논의해 교장, 교감을 교체하고 대신 임시 교장을 파견했고 협상이 진전돼 23일 만에 농성이 마무리됐다.

  교사와 학생, 학부모, 지역사회가 함께 한 투쟁의 결과로 재단 측은 마침내 학원 정상화를 위한 14개항의 합의문에 서명했다. 합의문에는 부당 징계를 당한 교사 5명을 전원 복직시킬 것과 전담 숙직제 실시, 법정 정원 교사 수 유지, 모든 강사 정식 교사 발령,

학생회비 내역 공개, 학생자치회(직선제) 구성, 우열반 폐지, 동창회 구성, 장학금 혜택 대폭 증액, 보충수업비 및 육성회비 내역 공개, 교장 교감의 교사 채용 추천, 직원회의 활성화 등이 담겼다. 힘든 투쟁 과정을 거쳐 얻어낸 값진 승리였다. 합의문이 발표되는 순간 우리 교사들의 눈시울은 모두 뜨거워졌다.

당시 교사 부족 현상은 성헌고뿐 아니라 인천 시내 전체 학교, 그중에서도 특히 사립고에서 만연된 현상이었다. 학급당 교원수가 공립의 경우 2명이 넘는 곳이 비교적 많은 편이었고 사립은 대부분 2명을 채우지 못했다. 이 가운데 성헌고는 1.58명으로 인천시내 고교 가운데 두 번째로 교원수가 적었다.

성헌고의 학교 민주화 투쟁으로 얻어낸 우열반 철폐, 학생회 직선제 구성, 교직원회의 활성화, 투명한 예산 운영, 숙직 전담제 실시, 교사 수급률 향상 등은 당시에는 사학 민주화 투쟁 중에서 돋보이는 성과였다.

나는 지금도 햇병아리 교사 시절 잘못된 학교 운영을 바로잡기 위해 앞장을 서고 성과를 이뤄낸데 대해 나름 자부심을 갖고 있다. 성헌고는 어려운 과정을 겪었던 탓인지 지금은 어느 사학보다도 모범적인 학교로 발전했다. 또 진학을 앞둔 중학생이나 학부모들의 선호도가 높은 학교로 꼽힐 정도로 인천의 명문고 반열에 올라섰다. 동문회 등 졸업생들의 자부심도 크게 높아진 것 같아 뿌듯하다.

전교조 시절
전교조 창립에 참여하다

성헌고의 민주화 투쟁이 마무리될 즈음에 전국 교사협의회가 '교원노조건설특별위원회'를 발족하면서 전국교직원노조 결성이 추진되기 시작했다. 교사협의회는 조직 형태를 전국 단일 조직으로 묶어 5월 중순에 전국 시도별로 발기인대회를 열고 말일 경에 전교조 결성대회를 갖기로 결정했다. 이에 따라 전국적으로 교직원 노조를 결성하기 위한 움직임이 전국적으로 들불처럼 확산됐다. 때마침 국회 노동위가 야3당 단일안으로 교원노조를 인정하는 내용의 노동조합법 개정안을 통과시켜 희망을 갖게 했다. 하지만 이 개정안은 대통령의 거부권 행사로 수포로 돌아갔다. 게다가 당시 문익환 목사의 방북 사건이 터져 정부가 모든 교육운동을 좌경의식화교육으로 매도하면서 탄압을 예고했다.

학교에서는 23일간의 학교 민주화 투쟁을 마무리하고 교장, 교감을 비롯해 교사 10여명을 채용하며 빠르게 정상을 되찾아갔다. 그러나 학내 정상화 투쟁을 경험했던 교사들은 학내 민주화 진행 과정에서 교사협의회의 한계를 절실하게 인식하게 됐다. 교사들은 협의회라는 임의 조직으로는 합의 사항이 언제든 파기될 수 있다는 점을 경험하면서 법적으로 보호받고 인정받는 조직의 필요성을 절감했다.

하지만 전교조 활동에 위협을 느낀 정부가 노조 결성에 반대 입장을 보이면서 교직원노조 출범은 처음부터 난관에 부닥쳤다. 당시 정부는 '중고생에 대한 문제교사의 의식화 활동은 더 이상 방치할 수 없는 긴박한 실상'이라며 '의식화 사례를 정확히 조사해 언론에 적극 홍보하고 학부모와 연계해 공조 체제를 구축해 대응할 것, 우선 학부모가 단결해 문제 교사들의 의식화 활동에 제재를 가하되 계속되는 경우 교단에서 물러나게 하는 등 학부모회 활성화 방안을 강구할 것, 특히 교사들의 의식화 활동을 방임하는 교장 등 감독자도 엄중히 문책할 것' 등 구체적인 내용이 담긴 대통령 명의의 지시 사항을 각 학교에 시달했다. 이 대통령 지시 사항은 교사들에 대한 가혹한 탄압을 예고하는 것이기도 했다. 그러나 점점 극심해지는 탄압 속에서도 교원노조의 필요성을 절실하게 느낀 교사들의 참여가 늘어나 성헌고에서도 27명의 교사가 전교조 발기인에 참가하게 됐다.

인천에서 5월 10일에 '교직원 노조 건설을 위한 인천교사 전진대회'가 답동 가톨릭회관에서 열렸고 전국발기인대회가 14일 연세대 노천극장에서 3500여명 교사가 참석한 가운데 개최됐다. 인천에서는 250여명의 교사가 참가했다. 이 전국대회를 시발로 그동안 각 시도별로 활동해오던 특별위원회 및 추진위원회가 준비위원회 체제로 전환돼 실질적인 전국 단일조직으로 변모했다. 발기인대회 때 당시 변호사였던 고 노무현 대통령은 "여러분들의 행동은 시민의 권리이기에 너무도 정당하다"며 격려하기도 했다.

5월 28일 한양대에서 개최하려던 전교조 결성대회는 경찰의 원천봉쇄로 무산됐다. 대신 제2의 예비 장소였던 건국대에서 2천여명 교사들이 운집한 가운데 보고대회를 열고 전교조 탄생을 알렸다. 감격스런 역사적 순간이었다.

 전교조 인천지부는 6월 10일 인천대대학원 강당에서 800여명이 모인 가운데 결성식을 열고 정식 출범을 선포했다. 인천지부는 인천교협과 마찬가지로 초등지회, 국공립중등지회, 사립지회 조직을 산하에 뒀다. 결성식 때 전교조 인천지부 선언문과 합법성 쟁취를 위한 결의문 낭독, 경과 보고, 축하 공연이 이어졌다. 성헌고 정상화 투쟁으로 학내 민주화를 경험했던 나로서는 가시밭길 속에서 탄생하는 전교조 인천지부에 대한 감동과 자부심이 누구보다 클 수밖에 없었다. 출범행사 후 참가 교사들이 긴 대열을 이뤄 선인재단 정문 앞까지 행진할 때의 모습은 지금도 생생하게 기억속에 남아 있다.

전교조 제2차 대의원대회

전교조 인천지부의 각 학교별 분회는 평교사협의회가 조직돼 있는 학교를 중심으로 창립이 이어졌다. 성헌고 분회도 27명이 6월 22일 학교 근처 음식점에서 결성식을 갖고 본격 활동에 들어갔다.

이때부터 전교조에 대한 정부의 탄압이 이념 공세로부터 시작해 갈수록 극심해졌다. 문교부가 전교조 교사 식별 방법이란 문서를 배포하면서 각급 학교에서는 전교조 교사를 감시하는 일을 일상화하기 시작했다. 교사들의 서랍 뒤지기, 책이나 신문 검열, 수업 시간의 발언 내용을 학생들로 하여금 기록해 보고하게 하기 등 치사한 반교육적 행위를 동원해 징계를 위한 증거 수집에 혈안이 됐다. 진보적인 매체였던 '한겨레신문'이나 '말' 지를 보는 교사는 무조건 전교조 조합원으로 분류됐고, 빨간 색 표지의 책만 소지해도 빨갱이 교사로 지목됐다.

전교조 결성을 주도한 교사 소환이 시작돼 인천에서 신맹순 지부장이 전국 1호로 구속됐고, 전남대에서 열린 대의원대회 참석차 내려갔다가 고속도로에서 붙잡힌 이경호 교사도 구속 수감됐다.

7월 1일에는 정부가 전교조 가입자 전원 파면 해임 방침을 발표했다. 성헌고 재단에서도 개별적으로 조합원 교사들의 부모를 몰래 찾아가 회유하도록 하는 등 교묘한 술책을 동원했다.

전교조 활동이 본격화하면서 각 학교별 징계가 가시화됐고 본격적인 해직사태가 벌어졌다. 나는 이에 항의해 전국의 해직교사들과 함께 명동성당에서 단식 농성에 들어갔다. 농성 와중에 고등학교 동기생 5명을 만났다. 이춘규, 이순철, 최성호, 노승률, 장신영 등 모두 서울사대를 졸업한 인재들이었다. 전국에서 6명의 동기생 해직교사를 배출한 학교는 부평고가 유일할 것이다. 평탄한 길을 걸으면 기득권을 누릴 수 있었던 서울대 출신 친구들이 불의에 맞서 해직의 길을 걷고 있다는 것이 무척 자랑스러웠다. 단식 도중 성헌고 재단은 8월 1일자로 나를 포함해 8명을 직권면직 조치했다. 재단측은 전교조 탈퇴 각서를 제출한 교사들까지 면직 처분했다.

  2학기가 시작되자 첫 날부터 성헌고 학생 400여명이 교사들에 대한 부당 징계 철회를 요구하며 농성에 돌입했다. 농성을 시작한 학생들은 방과 후 농성과 수업 거부를 결의했고 해직교사를 대신해 신규 채용된 교사에 대한 수업 거부, 조합원 교사 탄압에 앞장선 교사 2명에 대한 수업 거부도 시도했다.

해직교사 시절
복직 투쟁을 벌이다

나는 해직된 이후 동료 해직교사 20여명과 함께 신흥동 답동성당에 임시 사무실을 마련해 두고 항의 투쟁에 나섰다. 해직자들을 위한 20평 남짓 임시 사무실은 20여명이 생활하기에는 형편없이 좁은 사무실이었다. 사무실에서 아침 햇살이 비치는 맞은 편 신흥국민학교를 볼 때마다 해직자란 실감과 외로움이 밀려들곤 했다.

그때부터 나는 낯선 길을 걷기 시작했다. 학생들을 가르치는 대신 인천의 사회운동 단체를 찾아다니며 전교조 활동의 당위성을 설명해야 했다. 분필 대신 선전지와 현수막을 들고 거리로 나섰다. 이후 4년여의 해직생활은 나에게는 참으로 낯선 시간이었지만 느슨해지고 싶은 마음을 굳건하게 다지는 기간이기도 했다.

해직자 20여명이 20평짜리 사무실에 오전 10시쯤 출근해 참교육을 어떻게 실현할 것인가, 선생님들에게 어떻게 홍보할 것인가, 후원회는 잘 꾸려지고 있는가 등을 이야기하다 보면 해가 중천에 걸리곤 했다. 해직교사들은 하루에 학교 2~3곳을 방문해 조합원, 후원회원 교사들을 만나고 각 학교의 상황을 파악했다. 성헌고는 학교장의 지시로 교문을 걸어 잠가 놓고 해직교사들의 방문을 가로막았다. 학교를 방문하는 동안 다른 교사들과 거리감이 느껴지기도 했다. 학교 앞에서 유인물을 돌리는 일도 쉽지 않아, '이 학교는 내꺼야', '어서 가 버려', '야 임마' 등 욕설과 함께 유인물을 빼앗아 가는 일도 종종 일어났다. 어떤 초등학교에서는 학교를 방문한 다음 날 학년 주임이 일반 교사들을 상대로 전교조 후원금을 냈는지 여부와 전교조 조합원을 만난 사실이 있는지 여부를 묻는 설문지를 돌리는가 하면 어떤 학교는 교장이 전교조 교사가 방문을 하면 즉시 보고하라고 지시하기도 했다.

전교조는 10월 들어 야당 중앙당사와 전국 시도 지구당사에서 전교조 문제 해결과 교육노동악법 철폐 등을 위한 야 3당의 정치적 결단을 촉구했다. 전교조 창립 이후 최초의 합법 집회였던 '참교육을 위한 국민 걷기 대회'도 추진했다. '걷기'라는 새로운 형식에 힘입어 전국적으로 교사 시민 학생 등 4만여 명이 참가했다. 이를 통해 전교조에 대한 광범위한 지지와 후원회 조직, 국민적 교육 개선 요구의 구체화, 타 시민·노동단체와의 연대 강화를 힘 있게 추진해 나갈 수 있었다.

인천에서는 10월말 답동 성당에서 '참교육 실현과 해직교사 돕기 인천시민걷기대회'가 열렸다. 20여개 단체가 대회에 동참했다. 이 행사에 참가한 많은 단체와 지역 인사들이 이후에도 인천지부를 굳건하게 지켜주는 지지자 역할을 했다.

90년대 벽두부터 야당과 재야를 중심으로 집권당인 민자당과 당시 노태우 대통령 퇴진을 요구하는 시위가 전국적으로 확산돼 장기간 지속됐다. 이런 상황에서 해직교사 원상 복직과 전교조 합법화 쟁취는 반드시 이뤄야 할 과제였다. 이 해에 전교조는 깃발을 높이 들고 걷기 대행진을 벌여 참교육에 대해 적극 전파하거나 다른 노조조직, 시민사회와의 연대 활동을 강화하면서 해직교사 복직과 전교조의 합법성 확보를 위한 투쟁을 강도 높게 벌여 나갔다.

92년 인천지부를 답동에서 제물포 역 부근으로 옮긴 뒤에는 부족한 재정문제를 해결하기 위해 사무실에 판매대를 마련해 참교육사가 마련한 각종 물품을 팔고 승합차에 굴비를 싣고 다니며 파는 장돌뱅이 노릇도 했다.

내가 해직자의 길을 걷는 동안 인천에서 교육사에 남을만한 획기적인 일이 일어났다. 92년 인천의 대표적 부패 비리 사학이었던 선인학원이 시민의 힘에 의해 시·공립학교로 전환한 것이다. 설립자 백선엽, 백인엽의 이름을 딴 선인학원은 국내 최대 규모의 사학으로, 인천 사립학교 재학생의 47%, 유치원부터 대학원까지 포괄하는 16개 학교, 교직원 수 1,200여명, 총 학생수 4만여 명에 달하는 메머드급 사학이었다. 재단 이사장인 백인엽이 무소불위의 전횡을 일삼는 바람에 선인학원이 백인엽의 개인왕국이라 불릴 정도였다. 백인엽은 지역사회의 학원 정상화 요구가 거세게 이는데도 한동안 버티다가 횡령 사실이 밝혀지면서 자신의 전 재산을 재단에 헌납한 뒤 다시 재단을 국가에 헌납했다. 이로써 사립학교가 비교적 많았던 인천은 14개교가 공립학교로 전환하면서 공교육이 강화되는 계기가 됐다. 당시 인천지부에서 사무국장을 맡고 있었던 나는 지부의 역량을 선인학원 정상화에 집중하도록 유도해 나름대로 정상화에 기여했다는 자부심을 갖고 있다.

그러다 92년 대선으로 김영삼 정부가 출범하면서 해직교사 원상 복귀, 전교조 합법화의 길이 트이기 시작했다. 나는 이 때 수석부지부장으로 원상복직추진위원장을 맡아 해직교사 복직에만 온

복직 연수를 받은 성헌고 선생님들과

통 매달렸다. 그러다 10월경에 복직의 길이 열리기 시작했다. 해직교사들이 빼앗긴 교단으로 돌아가 산적한 교육현안의 해결을 위해 힘과 지혜를 모으자는 전교조의 뜻에 따라 동료 해직교사 40명과 함께 교육청에 복직을 신청하게 됐다. 이후 겨울방학 동안 복직 준비를 거쳐 이듬해 3월부터 다시 교단에 서게 됐다.

해직기간 4년 6개월은 나에게는 무던히도 길었던 시간이었다. 또 다른 교사들과 떨어져 자신과 외로운 싸움을 벌여야 하는 시간이었다. 해직 첫해인 89년 가을 통째로 남아도는 하루를 어떻게 보내야 할 지 몰라 막막했고, 특히 아침을 먹고 난 후에 느껴지는 공허함은 말로 표현하기 힘들 지경이었다. 어떤 날은 하루 종일 신문을 쳐다보면서 앞으로 어떻게 살아야 하나, 무엇을 해야 해직자다운 것인가 어리둥절한 상태로 보냈다. 이럴때면 가끔씩 동료 교사들이 생각보다 후한 후원회비를 보내줘 용기를 줬다. 또 학교에 남은 동료교사들이 하나둘 찾아와 격려할때마다 형용하기 어려운 기쁨과 위안을 주기도 했다.

해직동안에는 경제적인 문제로 많은 어려움을 겪었다. 나뿐만 아니라 다른 해직교사들도 마찬가지였다. 황진도는 해직중임에도 생계를 유지하며 아이들 곁에 있겠다며 학교 근처에 글방을 열었고, 김순래는 복사점을 열기도 했다. 또 학원 강사를 선택하는 이도 있었다. 해직 초반에는 후원회가 조직돼 89년 하반기에 일률적으로 한 달에 10만원씩 전교조 상근비조로 후원금이 지급됐다. 처음 가정 살림은 300만원 정도 되는 퇴직금으로 버텼다. 90년도 들어서 후원금이 늘면서 상근비가 인상됐다. 상근비는 기혼자와 미혼자를 조금 차등을 두어 기혼자 25만원, 미혼자 15만원씩 지급되다가 매년 인상돼 기혼자에게 35만원까지 지급됐다. 아무튼 내가 제일 많이 받았던 금액이 수석부지부장 활동비를 포함해 45만원이었던 기억이 난다. 해직된 지 1년 정도 지나자 퇴직금이 다 바닥나 300만원을 빌리기도 했다. 해직동안 아내가 고생을 많이 했다. 나는 아직도 아내에게 그 때 어떻게 살림을 꾸려 갔느냐고 묻지를 못한다. 그만큼 미안한 마음을 갖고 있기 때문이다.

해직은 집안까지 어려움을 겪게 했다. 아버지는 무능해진 아들 가계를 돕는다며 91년, 고향에 있는 1만1천평 정도 되는 산을 잡히고 돈을 빌렸다. 한데 내가 갚지 못하게 되자 그 산이 다른 사람에게 넘어가고 말았다. 게다가 얼마 되지 않은 금액에 산이 넘어갔는데, 나중에 알고 보니 사기를 당한 것이었다. 나는 이 일을 생각할 때마다 아버지에게 죄를 지은 것 같아 송구스럽기 그지없다.

또 둘째 병욱이가 어렸을 때 놀다가 단추가 목에 걸려서 서울 영동 세브란스에 가서 빼냈던 일이 있었다. 둘째 아들을 병원에 입원시켜 놓고 돈이 없어 쩔쩔 맸던 그 시절을 생각하면 아직도 정신이 아득하다. 그야말로 백수시절에는 돈이 없어 명절때면 처갓집이든 본가든 차비만 달랑 들고 갈 수밖에 없었다. 어머니 생신 날 빈손으로 갔다가 어머니가 사 주신 점퍼를 입고 처량하게 돌아왔던 기억이 생생하다. 그때는 마음이 참 아팠다.

87년도에 첫째, 89년도에 둘째 아이를 낳았는데, 힘든 살림에 함께 양육하기가 어려워 큰 아들 병준이를 나 어렸을 때처럼 할머니에게 보내 한동안 맡아 기르도록 했다. 할머니에게 병준이를 보낼 때 계속 울면서 뒤돌아보곤 했는데, 부모 마음이 찢어진다는 표현이 이런 것이구나 하는 생각이 들었다. 어린 병준이는 내가 해직생활을 했던 4년간을 할머니가 키웠다. 나는 이 때의 아픈 기억 때문에 아무리 어려워도 자식은 데리고 함께 살아야 한다는 믿음을 갖게 됐다. 병준이는 그때 기억이 트라우마처럼 꽂혀 아직도 가슴 깊은 곳에 남아 있는 것 같다.

전교조 일을 맡게 되면서 갈등과 고민을 겪을 때도 많았다. 그렇지만 전교조 일을 그만둘 수가 없었다. 처음 해직될 때 나는 학생들에게 '3년후쯤 학교로 돌아 올거다' 라고 약속했었다. 이는 내 스스로에게 한 약속이기도 했다.

학교에 대한 문제점을 느끼고 입시교육에 대한 회의가 일기 시작하면서 뜻을 같이 하는 다른 교사들과 바로잡기 위한 모임을 하게 됐고, 학교문제를 비판적으로 돌아보고 개선하기 위해 애쓰다 보니 그만두겠다는 생각을 하지 못했다. 아무리 곱씹어도 내가 크게 잘못한 일이 없는데 왜 이런 취급을 받아야 하나, 끝까지 해보자는 오기와 분노도 분명 작용했다.

나는 분명 교직생활을 처음 시작할 때에 교육이나 사회에 대한 비판적인 의식이 크지 않은 사람이었다. 오히려 사회의식하고는 거리가 멀었던 교사였다고 할까. 그런데 학교의 모순을 알게 됐고 그것을 개선하기 위해 농성에 참가하게 됐고, 이것만으로는 학교문제를 풀 수 없다고 생각해 교원노조를 해야겠다고 마음먹었다. 그래서 전교조에 가입했는데 전교조 활동도 시작하기 전에 가입했다는 이유만으로 해고된다는 것이 도무지 납득이 가지 않았다. 해직된 이후에야 비로소 학교와 교육, 사회 문제, 역사 등에 대해 깊게 공부하게 됐고 다른 뜻 있는 교사들과 토론하면서 사회와 교육의 모순과 문제점을 더 깊게 알게 됐다.

나는 전교조에 상근하면서 같은 동료 해직 교사들로부터 많은 도움을 받았다. 병욱이가가 아플 때도 다른 해직 교사들이 어려운 처지인데도 만원씩 걷어서 병원비에 보태라고 주기도 했고, 상근자 월급을 버스에서 소매치기 당했을 때 뒤늦게 알게 된 동료 해직자들이 또 만원씩 걷어서 나를 돕기도 했다. 같은 해직자들로서 다 어려운 처지인데도 내가 힘들다 싶으면 주저없이 십시일반 도움의 손길을 뻗치는 그런 힘들이, 또 그런 인간적인 관계가 나에게 계속 전교조 일을 할 수 있도록 한 원동력이기도 했다. 해직되면서 알게 된 사람들과 맺은 끈끈한 정도 전교조 일을 그만두지 못하게 된 큰 이유다.

복직교사 시절
행복한 교실을 꿈꾸다

복직 절차는 신규 특별 채용 형식으로 진행돼 1994년 3월 관교중학교에 부임하게 됐다. 정확히 4년 6개월 만에 다시 교단으로 돌아온 것이다. 학교로 출근하는 일은 한동안 어색하고 서툰 일이었다. 복직은 됐으나, 전교조가 여전히 불법 조직이었기 때문이었다. 여기저기서 경계 어린 시선이 나에게 던져졌고 감시의 눈초리도 있었다.

나는 당시 일기에 복직 후의 소회를 이렇게 적었다.

'5년 전, 아니 정확히 4년 5개월 전 학교로부터 내쫓김을 당하고 처음에는 실감이 나질 않았다. 어쩌다 등교 시간이나 하교 시간에 마주치는 아이들의 모습을 보거나 사무실 건너편 국민학교에서 들리는 아이들 소리, 체육대회 등의 마이크 소리가 나의 처지를 깨닫게 하곤 하였다. 이렇게 시작된 해직 생활이 어느덧 5년 가까이 흘러 큰 녀석이 국민학교에 입학하게 되었다. 그리고 나도 교단에 다시 서게 되었다. 물론 많은 날들을 잠 못 이루고 가슴앓이도 심했다. 모두가 원하는 내용과 방식이 아니었기에 고통은 떠나질 않았다. 그러나 교단에 서기로 결정을 했고 복직 절차에 응했다. 이번의 선택은 10년전 처음 교단에 설 때와는 달리, 보다 적극적인 선택이었다. 선생이야말로 평생을 해 볼만한 소중하고 의미있는 일이라는

생각으로.'

또 이것만은 꼭 지키리라 결심했던 몇 가지를 정리했다. 촌지는 절대로 받지 않는다. 아이들을 편애하지 않는다. 최소한 아이들에게 해를 끼치는 선생은 되지 않는다.

관교중학교에서 3년 정도 있다가 97년도에 인천여자공고에 부임했다. 전국 최초의 여자공고였다. 인천여자공고에 부임한 뒤 2년 정도 지난 99년 1월 6일 '교원의 노동조합 설립 및 운영 등에 관한 법률'이 국회를 통과하면서 전교조 합법화의 길이 열렸다. 7월 1일 노조설립 신고서가 제출되면서 드디어 합법적인 교원노조가 탄생됐다. 이날 인천지부는 전교조 합법화를 자축하는 잔치 마당을 벌였다. 인천종합문예회관 야외공연장에 기쁨과 설렘으로 가

전교조 인천지부 합법화 자축 잔치마당

득찬 800여명의 교사들이 몰렸다. 시교육청 장기원 부교육감의 축사를 들으며 합법화를 실감했다. 뒷풀이는 예술회관 광장에서 펼쳐졌는데 준비한 막걸리가 동이 나고 머릿고기가 모자랄 지경이었다. 인근 술집으로 옮겨 그동안의 고생과 고통을 격려하고 서로 위로했다. 나는 이날 처음 인사불성이 될 정도로 폭음을 했다.

노조의 합법화로 전임자 활동이 가능해지면서 원학운 지부장 뜻에 따라 노조 전임자인 사무처장을 맡게 됐다. 조합원 수가 창립 때보다 10배 정도 급격하게 늘어났고 해직교사도 전원 복직됐다. 인천지부의 초대 사무처장을 맡았을 때에는 전교조가 합법화한 첫 해였던 만큼 교사 처우 개선을 위한 단체교섭에 지부 활동의 중점을 뒀다.

인천지부의 첫 번째 성과는 조합 활동을 위한 조건을 확보하고, 교육 환경을 개선하기 위한 초등학교 2부제 학습 해소 등 6개항에 합의한 것이다. 이때에 교육청과 전교조 인천지부는 인천교육 개혁을 함께 실천하는 동반자가 될 수 있음을 확인했다. 그러나 이후 이행 과정에서 어려움이 많았다. 특히 인사 문제를 개선하기 위한 협의 과정에서 인사과장의 행태는 이행 자체를 어렵게 만들었다. 나중에 인사과장이 교체되고 나서야 고질적인 인사문제가 해결됐다. 인사 문제의 개선으로 몇 개 학교만 골라 단골로 이동하던 소위 귀족 교사들이 다른 교사들과 마찬가지로 순환되는 구조가 만들어졌다.

전교조 인천지부장 시절
인천교육 현안 개선에 앞장서다

1년 6개월 동안 인천지부 사무처장직을 맡다가 2001년에 다시 인천여공고에 복직했다. 2년 만에 다시 교사생활을 하려니 적응하기가 수비지 않았다. 복직해서는 전자도서관 시설을 꾸미는 도서관 업무를 맡게 됐다. 시공업자 선정부터 도서 구입까지 제반 준비 사항이 만만치 않은 일이었다. 이때부터 이성희 교사와 함께 학교 도서관 살리기사업을 위한 시민 모임을 만들어 도서관 활성화운동을 시작했다. 학교도서관 살리기 모임은 인천이 가장 활발하게 진행돼 이제 전국 모임의 중추적인 역할을 할 정도로 발전했다.

이듬해인 2002년에는 인천지부장 선거에 출마했다. 러닝메이트인 이영규 부지부장과 함께 출마했는데, '도성훈·이영규와 함께 교육희망 만들기'란 캐치프레이즈를 내걸었다. 공약은 '조합원과 분회가 주인되는 인천지부, 교육시장화정책을 막아 교육의 평등권 사수, 가르치는 일이 최우선되는 학교 만들기, 첫 마음처럼 아이들을 이해하는 참교육 실천, 비판에서 대안, 이제는 인천교육의 중심으로'를 내세웠다. 인천지부 사상 첫 경선이었다. 개인적으로 선거에 출마한 것도, 또 당선된 것도 이 때가 처음이었다.

선거를 통해 11대 인천지부장을 맡게 된 뒤 업무가 만만치 않았다. 지부 전임자 수 배정 문제에서부터 교육행정정보시스템(네이스)를 둘러싼 교육청과의 토론, 연간 사업계획 준비 등 해결해야 할 난제가 쌓여 있었다. 교육청은 네이스 도입을 놓고 협상을 벌일 때마다 기선을 잡겠다는 속셈이었는지 모든 일에 미온적이었다. 당시 교육부가 추진했던 네이스 도입은 학생과 교사의 인권면에서 문제가 많았다. 300가지가 넘는 학생들의 개인 신상정보를 한 군데로 모으겠다는 것으로 너무나 위험한 발상이었다. 해킹으로 인한 정보 유출과 기업의 악용 가능성, 특히 건강기록부의 항목들은 유출될 경우 개인의 삶에 치명적인 것이 될 수도 있었다.

전교조는 이에 따라 교사, 학부모들에게 네이스의 문제점을 알리고 네이스 도입 반대운동을 펼칠 수밖에 없었다. 결국 정보항목을 줄이고 건강기록부의 내용을 분리 처리하는 선에서 일단락됐다. 나는 당시 전교조 지도부와 함께 교육부 후문에서 단식농성을 벌이다 체포영장이 발부돼 잠시나마 남동경찰서 유치장 신세를 지기도 했다.

교육개방 문제도 중요한 이슈였다. GATS(서비스일반협정)에는 무역 대상에 교육, 문화, 환경, 금융, 의료 등 공공서비스 분야가 포함돼 있었는데, 정부는 논란 끝에 초·중등교육에 대해서는 개방을 하지 않기로 약속했다. 하지만 교육부가 경제자유구역 지정 문제로 외국인교육기관법 제정을 추진하면서 사실상 교육 개방쪽으로 돌아섰다.

이에 전교조는 참교육학부모회 등 30여개 단체와 연대해 교육개방이 공교육의 근간을 위협할 것이므로 교육 분야가 개방 대상에서 완전 제외돼야 한다고 주장했다. 특히 인천은 경제자유구역 지정이 예정돼 있어 다른 지역보다 더 민감한 문제였다. 전교조는 시민단체와 함께 자세한 실상을 알리고, 교육 개방, 의료 개방 등이 인천 시민들의 삶을 피폐하게 하리란 점을 알리고 일깨우는데 주력했다.

경제자유구역에 대해 더 언급하자면, 인천 지역내 거주지를 가계 소득에 따라 분화시키면서 지역 내의 빈부 격차를 확대하고 교육 격차를 심화시키는 문제를 안고 있다. 이제 인천은 경제자유구역으로 인해 파생되는 교육 격차를 해소해야 하는 중대한 과제를 안게 된 셈이다. 최근 중앙정부가 그동안 각 구청이 지원해온 교육 경비를 예산이 없는 구에는 지원하지 못하도록 하는 바람에 동구나 중구 등 낙후된 원도심 지역은 교육예산 확보에 비상이 걸렸다. 차제에 중구나 동구처럼 예산이 없는 지역에 대해서는 시나 교육청 차원의 특별 지원을 통해 공평한 교육 기회가 이뤄지도록 세심하게 배려할 필요가 있다.

인천지부장으로 일하며 가장 기억에 남고 보람이 있었던 일로는 학교급식 조례 제정을 들 수 있다. 2003년 22개 시민사회단체와 인천시민 3만8,000여명의 서명을 받아 2004년 '인천시 학교급식 지원 조례'를 제정한 것이다. 그해 7월 15일 학부모 단체, 시민단체와 연대해 '학교급식 환경 개선과 조례 제정을 위한 인천시민 모임'(급식네트워크)를 구성한 뒤 시민 서명작업에 들어갔다. 배우는 아이들에게 안전한 먹을 거리를 제공하는 일은 교육에서 아주 중요한 일일 수밖에 없다. 급식지원 조례에는 학교 급식의 직영 전환, 의무 교육기관인 초중등 학교 무상급식 실시, 학교급식 식재료 우리 농산물 사용 의무화 등이 담겼다. 주민 발의로 급식지원 조례

학교급식조례제정 기자회견

를 제정한 것은 광역단체로는 전국에서 전남과 인천뿐이었다. 지금은 친환경 무상급식에 대한 논의도 깊어지고 저변도 많이 넓어졌지만 당시로서는 대단히 획기적인 일이었다. 인천시민 중 100분의 1 이상의 동의를 얻는 일은 직접 몸으로 뛰어다니며 시민들의 이해를 구하고 설득을 해 서명과 날인까지 받는 일이라 쉬운 일이 아니었지만 보람은 컸다. 서명운동은 급식 이외에 학교와 교육문제 전반에 걸쳐 시민들과 직접 대화할 수 있는 기회가 돼 시민과 교육에 대한 인식 교류를 넓히는 소득을 얻기도 했다.

2004년 12대 지부장 선거에 재출마했다. 부지부장에 출마한 초등의 이종숙 교사가 러닝 메이트가 돼 경쟁후보 없이 단독 출마해 당선됐다. 12대 지부장 때에는 당시 정부가 추진했던 교원 평가제 도입에 맞서 싸워야 했다. 정부는 교원 평가제 도입이 국민 대다수

2005년, 인천 교육환경 개선을 위한 인천시민 서명용지 전달

로부터 찬성을 받고 있다는 것을 근거로 갖고 전교조가 비판해온 평가의 부당성, 근평의 존치 문제 등에 대해 어떠한 대안도 내놓지 않은 채 밀어부쳤다. 하지만 교원 평가제는 세부적인 면에서 여러 문제점을 노정하고 있었다. 학부모들에게 교원 평가의 문제점을 계속 알려나가는 한편 근평제 폐지, 교장선출 보직제, 학교 종합평가제 도입 등 학교 교육력을 진정으로 높일 수 있는 대안 실현을 위해 노력했다.

인천의 열악한 교육 환경을 개선하기 위한 특별법 제정 운동에도 나섰다. 시민사회단체와 연대해 '인천교육 환경 개선을 위한 특별법 제정 범시민대책위'를 구성한 뒤 지역 국회의원과의 간담회, 거리 선전전, 100만 시민 서명운동 등을 벌여 35만여명으로부터 서명을 받았다. 시민들의 서명지는 2006년 열린우리당을 통해 국회에 제출됐다. 인천의 열악한 교육 환경 문제는 뿌리가 깊은 편이다. 교육예산이 항상 유입인구 증가를 반영하지 못해 전국에서 가장 늦게까지 2부제 수업이 진행됐고, 학생들은 컨테이너 교실에서 공부해야 했다. 열악한 교육 환경 문제는 아직까지 완벽하게 개선되지는 않았지만 특별법 제정운동은 인천 교육 현실의 속살을 시민들에게 널리 알렸다는 점에서 나름대로 의미가 있다. 열악한 교육 환경의 개선은 전국 성적 최하위권을 벗어나기 위해서라도 인천 교육이 반드시 이뤄내야 할 과제이다.

교육부가 교원 정원을 감축하겠다고 발표하면서 인천의 교사 부족 현상이 더욱 나빠지는 것을 막기 위해 역시 범대위를 구성해 교원 확보를 촉구하기도 했다. 그 결과 예년에 비해 두 배 가량 증원된 교원이 학교에 배치되는 성과를 얻어 냈다.

학부모 부담 줄이기 공청회

전교조 지부장을 맡아 교육운동을 하면서 겪는 어려움은 인식의 벽을 허무는 일이었다. 교육환경 개선이든, 교원의 사회경제적 지위 향상이든, 민족·민주·인간화 교육이든 혼자 할 수는 없는 일이어서 조직화를 통해 체계적으로 내용을 생산하고 공급하고 확산시켜야 하는데, 기존의 교육제도와 학교 체제에 순응적인 교사들을 만날 때마다 벽에 부딪치곤 했다. 물론 교육이라는 기제가 기존의 가치나 문화를 다음 세대에 전수해주는 작용이라는 관점에서 본다면 당연히 보수적일 수밖에 없겠지만 교사는 사회와 세계의 변화가 급속하게 이뤄지고 있는 현재의 관점에서 그 변화의 중심에 서고 올바른 변화를 이끌어내는 견인차 역할을 해야 한다는 생각을 나는 갖고 있다. 21세기를 살아갈 아이들을 20세기 사고방식에 머문 선생들이 19세기 교육 환경에서 가르친다는 비아냥을 들을 때마다 가슴이 무너져 내리곤 한다. 현실에 안주하는 교사들을 볼 때마다 마음이 그리 가볍지만은 않은 것이 솔직한 심정이다.

하지만 내가 추진했던 것들이 생각같이 제대로 되지 않아 좌절한 적은 한 번도 없다. 지금 안 되면 지금껏 우리가 쌓아 온 힘을 바탕으로 앞으로 더 강하게 요구하면 된다. 그런 긍정적인 믿음을 갖고 지금까지 교육운동에 임해 왔다.

교육운동의 가장 큰 보람은 학교 현장이 꾸준히 조금씩 바뀌어져 가고 있음을 느낄 때다. 지금처럼 학급당 학생수가 35명으로 대폭 준 것이라든지, 학교 환경이 과거보다 훨씬 나아진 점을 볼 때마다 가슴 뿌듯한 보람으로 다가온다.

중견교사 시절
행복한 교육을 실천하다

2006년 지부장 임기를 마치고 4년 여만에 다시 인천여자공업고등학교로 복직했다. 10년간 적을 뒀던 인천여공고에서 다른 학교로 옮기기 위해 전보내신을 신청했다. 신설된 지 3년이 지난 부평의 부개고등학교로 발령이 났다. 부평은 어린 시절을 보낸 곳이라 반가웠고 새로운 학교에 대한 기대도 컸다. 거의 20년 만에 인문계 학교에 부임한 탓에 처음 2년간은 수업 준비와 독서에 열중했다.

부개고에 부임해서 장학사업을 시작했다. 오랜만에 학교로 돌아가니 가정 형편이 어려운 아이들이 많았다. 학비 감면을 받는 학생들이, 많은 곳은 한 반에 10명에 달했다. 2006년 11월 교통사고로 세상을 떠난 인천지부 중등남부지회 사무국장 김형선 선생님의 남편이 가정 형편이 어려운 학생들을 위해 써달라며 200만원을 기탁한 바 있어 기탁금을 종잣돈으로 장학재단을 만들자고 뜻 있는 교사들과 의견을 모았다.

2년 정도 준비과정을 거쳐 2009년 전교조 인천지부 창립 20주년을 맞아 장학회 설립을 선포하고 본격적으로 장학기금과 발기인 모집에 나섰다. 내가 추진위원장을 맡았다. 모금활동에 나서자 불과 두 달 만에 9,000만원이 모아졌다. 이후 인천 참교육 장학재단을 결성해 후원회원을 모집했다. 현재 이 장학재단 후원회에는 반찬가게와 정육점, 국수집을 운영하는 자영업자와 간병인, 변호사,

참교육장학사업회 장학금 전달

주부, 교사에 이르기까지 다양한 직종의 시민 400여명이 참여하고 있다. 덕분에 2011년부터 매년 2,000만~3,000만원씩의 장학금을 가정 형편이 어려운 초중고 학생들에게 지급하고 있다.

늘 그렇지만 장학금 신청 학생 수는 많은데 그 가운데서 대상 몇 명만을 선정하다 보면 마음이 편치 않을 때가 많다. 어려운 처지에 있는 학생들은 많고 장학금으로 지원할 재원은 부족하다보니 안타까울 때가 많은 것이다. 하지만 살림살이가 팍팍한 서민들이 주머니를 털어 5,000원이고 1만원이고 흔쾌히 내는 것을 볼 때마다 감동이 밀려오곤 한다. 나는 이런 모습이 사회를 이끌어가는 큰 힘이 된다고 생각한다.

2012년 전보내신을 신청해 동인천고로 옮겼다. 처음으로 원하는 학교에 발령이 났다. 자율형 공립고, 교과 교실제, 사교육 없는 학교, 잠재형 성장학교 등을 시행하는 동인천고는 다양한 교육부 시책을 시범적으로 운영하는 실험장 같은 곳이며 만월산 중턱에 위치해 마치 숲 속에 있는 듯한 느낌을 주는 학교였다.

부개고와 동인천고를 거치며 인문계 고등학교가 안고 있는 문제점들을 깊이 생각하게 됐다. 중학교 상위권 학생들은 대부분 특목고나 자사고에 우선 선발된다. 하지만 하위권 학생들은 특성화고에 들어가지 못하거나 실업계를 꺼려 하는 학부모들의 강권에 의해 인문계를 선택하는 경우가 많다. 그러다보니 상위권 학생이나 하위권 학생 모두 가슴 속에 패배감을 안고 고등학교 생활을 시작하게 된다. 공부를 잘하거나 못하거나 모두가 고등학교 시절에는 행복하지 않은 것이다. 이런 현실 속에서 교육은 더 이상 희망의 사다리로 작동하기는 어려운 것이다.

인문계 고등학교를 활력이 넘치는 공교육의 중심으로 세우기 위해서는 입시기관이 된 특목고의 우선 선발권을 회수하고 특목고, 일반계, 특성화고 모두 동시 선발할 수 있도록 제도적 개선이 시급하다. 모두 힘을 합쳐 요구해야 할 일이라고 생각한다.

30년 가까이 교직 생활을 하며 숨가쁘게 생활했다가 몇 년 전부터 가능한 한 개인적인 시간을 가지려고 노력하고 있다. 지인들과 색소폰을 배우고 목공 작업도 해보고 뿌리 공예나 꽃 가꾸기까지 다양한 취미 생활을 즐기려 애를 쓰고 있다. 대학 시절 보컬그룹을 만들고 디스크 자켓 일도 해봤지만 취미 생활 가운데 어려운 분야는 음악 연주다. 음악적 재능은 없지만 색소폰을 좋아 하는 만

인천교육포럼 민들레 창립총회에서

큼 연주 솜씨가 훌륭하다는 소리를 듣고 싶다. 시간이 날때마다 색소폰을 들고 혼자 연습하곤 하는데 노래만 듣고 색소폰을 연주할 정도로 수준급은 아니다. 요즘은 동료교사 3명과 색소폰 합주단을 만들어 행사 등에 초청돼 부족하지만 연주 솜씨를 선보이곤 한다.

  나는 혼자 색소폰을 연습하거나 혹은 동료 교사들과 함께 합주에 나설 때마다 배움과 교육이란 걸 떠올려 보곤 한다. 합주를 하려면 함께 소리를 내야 하기 때문에 호흡을 맞춰 박자와 음을 정확하게 내야 한다. 악기를 배우고 함께 연주하는 일은 남과 함께 호흡을 맞춰 가는 것이고 조화로움을 찾는 일이다. 더불어 살아가는 것의 소중함을 스스로 깨우칠 수 있고 집중력과 반복 학습을 통해 성취감을 느낄 수 있어 행복함을 느낄 수 있는 훌륭한 수단이기도 하다. 나는 배움과 교육이란 것도 결국 이런 것이 아닐까 하는 생각이다.

▲ 부평고 신입생 시절

▲ '장군의 아들' 군 시절

▲ 병준, 병욱 두 아들과 3박4일간 목천까지 도보여행

▲ 가족 산행

◀ 인천바로알기종주단과 함께

◀ 인천여자공고 제자들과

▲ 사랑하는 제자 유선이의 편지

▲ 인천지역 시민사회단체 활동가들과

▲ 제자들의 '발랄한' 생일축하 메시지

▲ 전국 교육기관 기능직 공무원 노동조합 인천지부 사무실 개소식

▲ 12대 전교조 인천지부장 출마에 앞서

▲ 풀소리 색소폰 앙상블의 양로원 봉사 활동

▲ 도종환 시인, 함민복 시인과 함께

▲ 2009년, 부개고등학교 수학여행. 제주도 한라산 윗세오름

▲ 부개고등학교 당구부 학생들과(당구장 자장면 맛이 최고!)

▲ 2010년, 스승의 날, 제자들과 함께

▲ 오리엔티어링 동아리 지도를 위한 강습회를 마치고

제2부

도성훈,
인천교육을 말하다

학력 향상 방안을 말하다

학력 향상은 가짜가 아닌 진짜 학력으로 하자

전통적인 학력의 개념은 학교에서 교육을 통하여 얻은 지식이니 기술 등의 능력을 뜻한다. 이러한 학력의 개념에서는 교사는 단지 수업을 전달하는 전달자이고 학생은 그것을 암기하는 수동적 존재이다. 이 개념을 토대로 볼때 학력을 향상시키는 방법은 많은 지식을 익히는 방식, 수업 시간을 최대한 늘리는 방식, 강의를 최대한 많이 하는 방식이다.

우리나라가 PISA 주관 국제수준 학업성취도 평가에서 우수한 성적을 보일 수 있었던 배경에는 이런 방식이 작용했다. 세계에서 가장 긴 학습 시간을 가지고 가장 많은 학습을 하며 지식을 습득하는 우리나라 학생들이 좋은 결과를 내는 것은 당연하다.

그러나 동시에 그 이면에는 어두운 부분도 있다. 그것은 학습 동기와 의욕의 감소다. 실제로 수학에 대한 흥미도, 가치 판단, 수학 불안감 등 7개 항목은 모두 OECD 평균보다 훨씬 낮았다. 특히 수학에 대한 흥미(내적 동기), 수학에 대한 가치 인식(도구적 동기),

직업체험을 위해 시의회를 방문한 제자들과 함께

자신의 수학적 능력에 대한 믿음(자아 효능감, 자아 개념) 등 가장 핵심적인 정의 요소는 최하위 수준을 보였다.

　새로운 학력에 대한 개념이 필요한 이유가 여기에 있다. 한국의 교육이 이러한 상태가 지속된다면 분명 한계에 봉착할 수밖에 없기 때문이다. 지식기반 사회에서 학력은 과거의 학력 개념과는 달라져야 한다.

　미래 사회의 학력은 역량으로도 표현된다. 역량이란 사회에 나가 직접 활용할 수 있는 실천적인 능력을 말한다. 이 역량은 수학이나 과학 같은 학문적 능력뿐만 아니라 다양한 교과 영역에서 문제를 찾아내고 이를 효과적으로 해결하기 위해 분석하고 추론할 수 있는 능력으로, 커뮤니케이션 능력까지 포함된다.

　PISA는 미래 사회의 핵심 역량을 다음 표와 같이 제시하고 있다.

핵심요인	내용
핵심교과 내용에 대한 이해	· 영어, 문해력, 예술, 수학, 경제, 과학, 지리, 역사 정치(Government and Civics)
창의성과 혁신	· 창의적 사고를 바탕으로 혁신을 실행하는 능력
비판적 사고와 문제 해결력	· 효과적으로 추론하고, 시스템적 사고를 이용해 판단과 결정을 내리는 능력
의사소통 능력	· 정보의 결과와 산출물을 공유하고 전달하는 것. 곧 정보를 처리하고, 변형하고, 형식에 따라 배열하는 분석적인 작업과 생각(idea)을 특정한 청중에게 최선의 방법으로 전달하는 것을 반영하는 능력
협업과 상호작용	· 협력적 직업을 지원하는 도구들을 활용해 가상의 친구 및 이익단체와 능수능란하게 상호 작용하는 능력
테크놀러지/ 미디어 활용능력	· 문제, 이슈, 과제 등에 대한 정확한 이해를 바탕으로 적절한 전자 정보 원천을 판단해 효율적이고 효과적으로 검색하고 선택할 수 있는 능력 · 자료의 가치와 유용성을 평가하여 활용하고, 데이터 혹은 전자정보를 효율적으로 재사용할 수 있도록 저장하고 체계화할 수 있는 능력 · 수집하고 체계화한 전자정보를 이용해 정보를 보다 잘 이해하고 보다 효과적으로 타인과 소통하기 위해 다양한 방식으로 변형하고 발전시키며, 문제, 이슈, 작업의 해결을 위해 해석이나 자신의 의견을 전개하는 능력
유연성과 적응성	· 변화에 유연하게 적응하는 능력
자가주도	· 목표와 시간 관리, 독립적인 작업 등을 통해 스스로를 규제해 나가는 능력
리더십	· 타인을 지도하고 이끌 수 있는 능력, 타인에 대한 책임감 인식
시민의식	· 글로벌 및 로컬 사회 구성원으로서의 마인드와 책임감 인식

학력 향상 정책, 낡은 틀로는 실패할 수밖에 없다

지금까지 인천시교육청은 낡은 학력 개념을 밑바탕에 둔 학력 정책을 펴왔다. 나근형 교육감은 그동안 인천의 학업 수준 향상을 위해 학업 성취 목표 관리제라는 것을 실시해 왔다. 일선 학교에서 학력 목표를 설정하고 교육청 컨설팅 등을 통해 이를 실천하고 달성하는 것을 과제로 정해 추진해왔다. 이 학력 정책은 도입 초기인 지난 2008년부터 4년간 실시한 국가수준 학업성취도 평가에서 기초학력 미달학생 비율이 감소하는 성과를 얻어냈다.

하지만 2013년 실시한 국가수준 학업성취도 평가에서는 기초학력 미달 중·고등 학생들이 다시 증가하는 추세를 보였다. 여기에다 보통 이상 학력 수준이 상승하면서 학력 격차가 더 벌어지는 현상이 나타났다. 이러한 결과는 이미 예정된 것이었다. 기초학력 미달 학생을 줄인다는 교육청의 방안은 계획서에만 존재할 뿐 실제로는 일선 학교의 교사들에게 성적 올리기 압박감을 주는 방식으로 진행됐기 때문이다.

〈도표〉는 2011년 인천시교육청의 창의경영학교 운영 계획에 나온 '기초학력 진단-지도-관리 체제' 확립 방안이다.

이처럼 교육청은 기초학력 미달 학력 향상 계획을 그럴싸하게 세워놨지만 실제 운영할 수가 없었고 운영되지도 않았다. 국가수준 학업성취도 평가가 있기 몇 달 전부터 학교에 할당량을 주듯이 미달자 비율을 무조건 전년에 비해 감소시킬 것을 요구하고, 시험 문제 풀이 위주로 공부를 시켰을 뿐 체계적인 진단과 학습활동 관리는 전무했다. 또한 국가수준 학업성취도 평가 결과를 학교 평가

⟨도표⟩ 기초학력 진단-지도-관리 체제 확립 방안

1. 기초학력 진단	2. 학습지도 보정	3. 학습활동 관리
기초학력 및 학습·비학습적 부진요인 파악	부진 요인별 맞춤형 프로그램 적용	체계적 기록·관리로 지속적인 부진 예방
· 평가원 개발 기초학력 진단 도구 활용 · 학습동기, 심리 등 비학습적 영역에 대한 진단	· 부진 요인에 따른 맞춤형 보정교육 프로그램 적용 · 정서·심리적 지원 및 학습동기 유발 프로그램 적용	· 학습활동 관리 프로그램 이용, 개인별 학습활동을 체계적으로 누적 관리

에 반영하는 등 학교 간 비교를 통해 관리자와 교사를 압박하는 강제적 방법으로 목표를 맞춰 왔다. 이러한 전근대적인 교육 정책과 관료주의적 관리 방식을 통해 일시적인 성과만 얻었을 뿐이다.

인천시교육청은 수능 꼴지라는 비난이 계속되자, '2011학년도 대수능 결과에 따른 학력향상 방안'이라는 것을 만들어 시행했다. 하지만 이 방안에 따라 추진한 2011학년도 수능시험의 인천 학력 수준은 전국 최하위권이었다. 2013학년도 수능 결과도 썩 좋지는 않았다. 2011학년도와 비교해 전국 평균과 간격이 좁혀졌다는 점 외에 큰 변화는 없었다. 교육청이 마련한 학력 향상 방안이 별로 효과를 거두지 못한 것이다.

인천시교육청은 2011학년도뿐 아니라 지난 몇 년 동안 국가수준 학업성취도 평가와 수능에서 학력을 향상시킨다는 목표로 학력향상 계획을 세워 줄기차게 진행했다.

그러나 결과가 별로 좋지 않았다. 대학 입학에서도 인천의 고등학생들은 수능 위주의 정시(전형)보다는 여전히 학생부 등을 활용하는 수시(전형)에서 여전히 강세를 보이고 있다. 교육청은 재정과 노력을 투입했지만 이에 따른 소기의 성과를 얻지 못한 채 오히려 교육현장의 피로감과 교육청에 대한 불신감만 높여 왔다.

인천시교육청은 학력 향상 방안으로 그동안 학교별 학업성취목표 관리제, 기초학력 책임제 운영 및 학습기간 극대화, 정시·수시 병행 대입지도, 학력향상 선도학교 운영 내실화, 학력 향상을 위한 교원 인사제도 정착, 교육성과에 기초한 평가체제 강화, 영재교육 확대 및 내실화, 자율형 고등학교 확대, 고교 학생 정원 조정 및 고입 전형 방법 개선, 교원의 행정 업무 경감, 학력향상 예산 지원 확대, 일반고 기숙사 건립, 학력 증진팀 신설 등 숱한 정책을 과제로 정해 추진해왔다.

이 같은 학력 향상 방안은 일시적인 성적 상승효과를 얻기도 했지만 긍정적인 면보다 부정적인 결과를 더 많이 가져 왔다. 교육이란 본질적으로 무엇인가라는 교육 철학과 새롭게 변화된 학력 개념이 부재했기 때문이다.

학교별 학업성취목표 관리제는 단위 학교별로 학업성취 목표를 자율적으로 정하고 교육청이 학교별 학력변화 정보를 제공하면서 컨설팅 장학을 통해 지원하는 것이 골자다. 학교별 학업성취목표 관리제의 문제점은 목표를 자율적으로 정하는 것이 아니라 교육청과 학교 관리자의 압박에 의해 정해진다는 점이다. 교육청 직원은 컨설팅 장학을 한다며 학교에 나와 몇 년간 학력변화 수치를 제공하고는 보험회사가 직원들에게 실적 압박하듯이 압력을 행사한다. 이 순간부터 학교 교육은 수치화된 성적에 종속되고 계량화되지 않는 모든 교육적 가치는 뒷전으로 밀려나게 된다.

교육 성과에 기초한 평가체제 강화도 학교 현장에서 교사들에게 심한 정신적 압박감을 주는 것 가운데 하나이다. 기초학력 미달비율 변화와 전국 학력평가 변화 등 성적 비교가 가능한 모든 시험을 토대로 각 학교를 비교하고 점수를 메기는 것은 학교 간 과도한 경쟁을 유발하고 학생, 교사들을 전투 현장으로 내몰게 된다. 그 성취 압력도 양적 투입에만 집중하면서 상당히 비효율적이다.

기초학력 책임제도 마찬가지다. 이 제도는 교사에게 학력의 모든 결과를 책임지게 하는 것으로, 교사의 의지나 자율성과는 거리가 멀다. 오직 압박을 통해 결과를 끌어내려는 제도이다. 교사의 교육 활동은 자율성이 보장될 때 가장 열정적이고 창의적이다. 본질과는 거리가 먼 유인책과 과도한 경쟁유발은 눈치만 보게 할뿐 교사의 적극성을 끌어내지 못한다. 교육청의 학력 향상 방안이 성공하지 못하는 이유가 여기에 있다.

학력 향상을 위한 교원 인사제도는 교육 활동의 결과를 점수 올리기에만 두는, 교육청의 철학 부재를 읽을 수 있는 대표적인 정책이다. 이 제도는 점수 올리기 성과에 따라 교사에게 승진 점수를 부여하고 인센티브를 주는 것인데, 승진 점수를 미끼로 교사들을 유인하는 것은 교육청의 무능력을 반증하는 것이다.

대다수 교사들은 승진 점수를 받으니 차라리 성적 향상이라는 압박에 시달리지 않으려는 심리를 갖고 있다. 이러면 열정이나 의지 등은 찾아보기 어렵게 된다. 중요한 것은 교사들의 생각을 구체적인 행동으로 끌어낼 수 있는 유인책이 무엇인지 정확히 찾아내는 것인데, 교육청의 방안에는 이에 대한 고민이 없다.

지난 4년간 인천시와 인천시교육청이 인천의 학력 향상을 위해 내놓은 대표적인 정책이 학력향상 선도학교 정책이다. 그러나 이 정책은 이미 실패로 판명 났다. 예산 투입에 비해 뚜렷한 학력 상승 효과가 없었기 때문이다. 한 보고서는 이 정책이 일반계 고교의 학력 향상이 목표라면 10여개 학교에 160억원 짜리 보충수업을 지원할 것이 아니라 모든 일반고를 지원하는 편이 훨씬 더 효율적이라는 결론을 내놓기도 했다.

자율형 고교의 확대도 뚜렷한 교육 철학이나 근거도 없이 학교 관리자의 자율성만 증대하다 보니 국영수 중심의 몰입교육만 강화하는 결과를 가져왔다. 학생들의 학업 스트레스만 더욱 키웠고 피라미드 고교 서열체제의 단계를 더 세분화한 것에 불과했다.

기숙사 건립은 학교를 기숙 학원으로 전락시키는 대단히 비교육적인 발상이다. 과거의 낡은 학력 개념을 토대로 공부의 양만 늘리려는 비인간적인 정책이다. 마치 학교를 양계장으로 사고하고 학생들을 양계장 속 알을 낳는 닭으로 만드는 정책인 것이다. 인간에게 밤낮으로 불을 켜두고 하루 24시간 오직 한 가지에만 매달리게 하는 것이라면 없어져야 하지 않겠는가.

인천시교육청의 학력 향상 정책이 노력만큼 결과가 나오지 않았던 원인을 자세히 분석해 보면 몇가지 문제점이 드러난다.

첫째 단기적 성과 위주의 강제 학습에만 몰두해왔다는 점이다. 교육청은 국가수준 학업성취도 평가 등에서 기초학력 미달학생 비율 및 증감률과 수월성교육 결과 및 증감률을 학교 평가에 반영하고 이를 통해 학교 성과급을 지급했다. 이러한 평가 기제를 통한 학력 향상 유도 방식은 학교에 부정적인 영향을 더 많이 끼쳤다. 거의 반강제적으로 맞쳐지는 기초 미달자 비율 목표치를 채우기 위해 교사들은 단기 처방인 문제풀이 방과후 수업을 할 수밖에 없었고 그것도 일시적으로만 이뤄졌다.

시험을 위해 아이들에게 문제풀이 수업만 할 뿐 정작 아이들의 학습능력 향상에는 별 관심을 두지 않았다. 또 이러한 평가 경쟁은 학교 구성원들의 자발성과 창의성을 떨어뜨렸고 각 학교의 특성에 맞는 학력 향상 모색을 어렵게 만들었다.

둘째 정규교육이 부실해지면서 결국 학력의 부실화를 가져왔다. 교사는 하루에 보통 4개 이상 서로 다른 유형의 수업을 한다. 정규수업, 방과후 수업, 튜터링, 논술수업, 심화수업, 기초반 수업 등이다. 학교 수업은 크게 교육 과정에 바탕을 둔 정규수업과 대학 입시에 맞춘 방과후 수업으로 이원화돼 있다. 방과후 수업은 다시 전통적 의미의 보충수업이라 할 수 있는 방과후 교육활동과 그것을 좀 더 세분화한 기초반 수업, 심화반 수업, 그리고 중상위권 학생을 대상으로 하는 튜터링 수업 등으로 나눠진다.

방과후 수업 프로그램은 정규수업과는 다르다. 정규수업이 국가 수준의 교육 과정에 근거해 일정한 계획에 따라 진행되는 것이라면, 방과후 프로그램은 수능 등 시험에 대비한 문제풀이 수업을 하기 때문이다. 따라서 교사가 정규 수업을 준비하고 방과후 프로그램을 준비하는데에는 서로 다른 노력이 필요하다. 이런 상황에서 담임이나 행정 업무까지 보게 된다면 교사는 교재 연구는커녕 교과서를 펼쳐볼 시간도 부족하다. 결국 정규수업의 부실화를 가져오고 학생들이 그 피해를 고스란히 입게 된다.

정규수업은 학력 향상의 디딤돌을 놓는 가장 중요한 학습이다. 정규수업이 내실화하도록 교사들에게 자신의 수업에 대해 고민하고 연구할 시간을 충분히 줘야 한다. 방과후 수업은 정규수업을 보강하고 보충하는 형태로 이뤄져야 한다. 교육청의 대책은 주객을 전도시켰기 때문에 효과를 거두지 못하고 있는 것이다.

학력 향상은 일반고 정상화가 우선이다

인천의 학력문제를 논할 때 일반계고교 정상화를 빼 놓고 생각할 수가 없다. 우리나라 2,318개 고등학교 가운데 일반고가 1,524개교로 65.7%를 차지한다. 인천의 경우 122개 고교(2013년 4월 현재) 중에서 일반고가 64.8%, 특성화고가 22.1%, 자율형고가 5.7%, 특목고가 7.4%이다. 일반고가 고교 교육의 허리 역할을 하고 있는 것이다. 그러나 근래에 일반고의 슬럼화, 황폐화를 걱정하는 목소리가 높아지고 있다.

일반고 정상화는 일반고의 위기를 극복하자는 것이고 일반고의 학력을 향상시키자는 것이다. 이러한 주장은 일반고가 비정상인 상태에 있다는 것을 전제로 한다. 그러나 일반고가 어떤 상태에 있어야 정상인가에 대해서는 의견이 분분할 수 있기 때문에 일반고가 모든 부분에 있어서 비정상적인 상태라고 단정지어 말하기는 곤란하다.

일반고의 중요한 목적이 상급 교육기관(대학) 진학에 있다면, 인천의 모든 일반고는 학생들을 진학시키기 위해 노력하고 있고 일정한 성과도 내고 있다. 비정상적인 상태는 아니라는 얘기다. 그럼에도 불구하고 일반고 정상화를 주장하는 이유는 무엇 때문일까.

그것은 일반고가 진학을 목표로 삼아 학력 향상을 외치고 있지만 그 방법에 문제가 있고 또 효율적이지도 않기 때문이다. 또 평준화의 해체로 인해 일반고 가운데 심각하게 교육활동의 위기를 맞고 있는 학교가 늘어나고 있기 때문이다. 다시 말하면 우수 학생들이 특목고, 자사고와 일부 특성화고로 몰리면서 일반고는 학력 저하, 진학률 저하 뿐만 아니라 생활지도, 인성교육 등 학교생활 전반에 걸쳐 예전에 비해 더 많은 어려움을 겪고 있다. 일반고의 위기 극복은 이러한 상태를 개선하는데 있다.

정규수업 강화가 학력 향상의 지름길이다

나근형 교육감 체제의 교육청이나 학교 관리자들도 모두 정규수업의 중요성을 강조했다. 그러나 교육청과 관리자가 말하는 학력 향상에는 학력의 핵심이 빠져 있다. 그들이 말하는 학력이란 교과 지식을 학생들에게 주입하고 문제풀이를 잘 하도록 하는 과거 개념의 학력이다.

이러한 학력 개념을 바탕으로 한 수업으로는 수능을 제대로 대비할 수가 없다. 수능시험 자체가 이미 학교수업 내용을 넘어서고 있기 때문이다. 따라서 아무리 정규수업을 알차게 한다고 해도 수능을 준비하기에는 부족하다. 사교육이 팽창하고 보충수업 형태의 방과후 수업이 강조될 수 밖에 없는 원인이기도 하다.

하지만 지금과 같은 방식으로는 학력 향상을 기대할 수가 없다. 학교 밖에서 이뤄지는 사교육, 그리고 학교 안에서 이루어지는 사교육(보충수업)이 무한정 제공돼야만 기껏 단기적인 학력 향상 효과가 나타날 뿐이다.

그렇게 정규수업 외의 지원과 압력으로 학력 향상을 달성하게 하는 방법은 학생들을 의존적으로 만들어 문제를 더욱 키우게 된다. 학생들에게 공부에 대한 흥미를 잃게 하고 자기주도적으로 학습하는 능력을 상실하게 만든다. 이런 학생들의 학력을 향상시키려면 또다시 강제적으로 더 많은 학습량을 밀어 넣기 할 수 밖에 없다. 이 같은 방식은 성적이 낮은 학생은 물론 높은 학생들에게도 결코 바람직하지가 않다.

이제 더 이상 과거의 낡은 학력 개념을 바탕으로 지식을 전달하고 외우게 하고 시험 보는 기술을 강조하는 수업 형태는 지양해야 한다. 학력 향상은 학습자 스스로가 학습에 대한 필요성과 목적을 공감하고 자발적 의지로 주체적으로 학습해 나갈 때 달성될 수 있다. 학생들이 다양한 학습 경험을 통해 배움의 즐거움을 느끼고 스스로 성장의 과정을 밟아갈 때 학습의 흥미가 증가하고 자기주도의 학습도 가능해진다.

정규수업이 이런 방향으로 바뀌기 위해서는 교사들의 역량을 키우기 위한 전문성 강화와 협력적 학교문화 형성이 필수적이다. 이러한 노력이 안정적으로 정착되고 좋은 결과를 내기 위해서는 학교 간 성적 비교를 폐지해야 마땅하다. 학교 간 성적 비교는 단기 처방인 문제풀이식 정규수업과 방과후 수업의 비대화만 초래할 뿐이다.

교사가 소화하기에 벅찰 정도로 많은 방과후 수업도 줄여 질적 향상을 제고해야 한다. 대신 자신의 정규수업을 성찰하고 동료 교사와 의견을 나눌 수 있도록 충분한 시간을 줘야 한다. 학생도 복습과 자기주도적 학습의 시간이 반드시 필요하다. 특히 성적이 우수한 학생에게 과도한 보충수업은 효율성이 더 떨어진다. 방과후 수업의 양을 축소하고 수준별로 다양하게 운영하되 학생 선택권을 강화하는 쪽으로가야 한다.

학생의 자발성과 교사의 전문성은 필수다

그렇다면 일반고를 포함해 인천의 모든 학생들이 자기주도적 학습 능력과 진짜 학력을 키우도록 하기 위해 어떻게 해야 할까.

무엇보다 수업을 교사 중심, 강의 중심에서 학생 중심, 배움 중심으로 중심을 이동하는 것이 중요하다. 교사들이 학생들의 자기주도적 학습능력을 키워줄 수 있는 전문성을 갖추도록 여건을 만들어 주고 적극 지원해야 한다는 뜻이다. 또 학생들에게 협력을 통해 함께 배울 수 있는 학습 방법을 개발해 줘야 한다. 학습 속도가 느린 학생들에게는 개인별로 개별화 교육을 받을 수 있도록 협력교사와 학습 보조교사를 배치하는 일도 필요하다.

특히 대학입시를 앞둔 일반고에는 학생 개인별, 수준별 대학입시 전략을 지원하고 학교내 진로, 학습, 체험 이력철을 관리할 수 있도록 시스템을 갖춰줘야 한다. 물론 전문성을 갖춘 진로진학 상담교사도 반드시 필요하다.

학교도 자율성에 기초한 운영을 해야 성과가 있다. 학력 문제에 있어서도 학교별 학력 자율 책임제를 실시할 필요가 있다. 교육청은 각 학교별로 여건과 특성에 맞는 학력 향상 프로그램을 개발하도록 적극 도와 줘야 한다.

더불어 어려운 여건의 학교, 학력 향상이 더딘 학교일수록 더 많은 지원, 종합적 지원에 나설 필요가 있다. 학교별 기초학습 클리닉을 운영하고 학습부진 학생을 지도하는 교사들을 위한 역량 강화 연수를 장기적인 전망을 가지고 실시해야 한다.

그래야만 인천의 학력이 지속적으로 발전하고 향상될 수 있다. 단기적 성과와 눈에 보이는 지표에만 집착하는 근시안적인 태도를 버려야 한다. 교육은 결국 주체의 자발성과 가능성을 돌봄과 지원으로 이끌어 내는 행위이고 희망을 품은 기다림이다.

진학·진로 지도의 중심을 중하위권에 맞추자

학교 안에는 다양한 특성의 학생들이 있다. 성적, 인성, 가정 형편, 진로 등 학생들의 특성은 학생수 만큼 다양하다. 그러나 지금까지 학교의 진로 진학 프로그램은 이러한 다양성에 초점을 맞추기보다 성적 상위권 학생들에게 초점을 맞춰왔다.

대다수 학교가 실시하는 입시설명회나 진로캠프, 학습코칭 프로그램이 성적 상위권 학생을 위주로 진행돼 왔다. 성적 상위권을 위한 프로그램이 잘못된 것은 아니지만 문제는 프로그램의 관심과 초점이 성적 상위학생에게 맞춰져 지나치게 편중돼 있다는 점이다.

하지만 상위권 학생들은 이미 진로 진학이 결정된 경우가 많아

성적 상위권 학생보다 하위권 학생들을 위한 진로 진학 프로그램이 더 절실하다. 고교 1학년때에 다양한 직업 세계를 만날 수 있는 진로 프로그램을 운영하고 2~3학년때에는 진학 프로그램을 운영하는 것이 바람직하다.

박근혜 정부도 중학교에서 자유학기제를 통해 학생들의 진로탐색을 모색하고, 고교 교육과정에 진로 집중과정을 개설해 학생들의 꿈과 적성을 반영한 진로 준비를 하겠다고 발표한 바 있다. 하지만 일반고에 진로 집중과정을 두면 가장 유리한 학생들은 성적 상위권 학생들이다. 수능시험에서 특목고나 자사고 학생을 이길 수 없는 일반고 학생들에게 수시는 대입을 위해 매우 중요한 정책이다. 그래서 진로 집중과정 개설때 가장 덕을 보는 것은 성적 상위권 학생들이다. 그것도 특목고나 자사고 학생들과 명문대 진학에서 경쟁이 가능한 최상위권 학생들이다. 물론 성적 최상위권 학생들 외에 일찌감치 진로를 정하고 준비를 하는 학생이라면 분명히 도움이 된다.

문제는 일반고 학생 가운데 자신의 진로를 1학년때부터 미리 정하는 학생이 드물다는 것이다. 물론 학생들은 1학년때 자기 나름대로 미래 진로를 정하기는 하지만 매우 불확실하다. 따라서 진로 집중과정 정책도 일반고 교실에서 대다수를 이루는, 착실하게 학교생활을 하지만 성적도, 경제적 능력도, 스펙도 내세울 것 없는 아이들은 배제될 가능성이 높다는 우려가 있다.

성적 중간층 학생들을 위해 더 많은 고민과 프로그램이 필요하다. 예를 들어 수준별 학습 코칭 프로그램 등을 생각해 볼 수 있다. 성적이 중하위권인 학생들은 공부하는 방법을 제대로 터득하지 못한 경우가 많다. 그런데도 이들에게는 도움을 받을 기회가 그리 많지 않은 것이 현실이다.

일반고의 위기를 논할 때 가장 어려움을 겪고 있는 학생집단이 성적 하위 학생들이다. 이들은 대입 중심의 수업이 이루어지는 일반고에서 상대적으로 진로와 전망을 가지지 못하는 집단이다. 통계에 따르면 일반고, 자율형 공립고 1·2학년 학생 중 16.3%가 꿈과 끼를 찾지 못하고 있다. 이들 학생은 진로 진학 프로그램에서도 방치 상태로 많이 소외된 편이다. 이런 학생들에게 희망과 전망을 만들어 주는 일이 반드시 필요하다.

진로 집중과정은 진로와 적성을 반영한 교육과정을 운영해 학생들이 자기 주도적으로 공부하고 미래를 설계한다는 뜻에서 취지는 옳지만 교육과정을 학생별로 세분화하지 않고서는 여전히 소외되는 학생들이 남게 된다는 문제점을 안고 있다.

따라서 중·고등학교 단계에서 제기되는 문제의식만으로는 모든 문제를 해결할 수 없는 만큼 대학과 사회의 변화가 요구된다. 사회 의식의 변화 없이는 모든 학생들이 학창시절에 자신의 적성과 진로를 개발하고 사회에 진출해 적성에 맞는 일을 하며 행복한 미래를 꿈꿀 수 있는 사회는 공염불에 그칠 공산이 크다.

기본적으로 고등학교는 기본교양 교육, 지덕체 전인교육, 보편 교육의 임무에 충실하고 완성 교육의 사명은 고등교육과 평생교육 차원에서 추구하는 것이 올바른 방법이 될 수 있다. 전 사회가 이런 방식으로 학제 개편의 논의를 시작해야 한다는 주장이 설득력 있게 나오고 있다. 이러한 인식을 바탕에 깔면 일반고의 위기를 극복하고 정상화시킬 수 있는 방안이 나올 수 있다.

우선 일반고는 최종 교육 목표를 수도권 상위권 대학 진학에 두지 말아야 한다. 그러기 위해서는 학생이 어느 대학을 나오든 사회, 경제적으로 차별을 받지 않아야 한다. 또 교사에게 평가권을 주어야 하며 대학은 그것을 인정해야 한다. 교사로 하여금 정규수업에 몰입할 수 있도록 환경과 시스템을 만드는 일도 필요하다.

아울러 대학은 성적이나 스펙으로 가는 것이 아니라 공부하고 싶은 학생이 가도록 해야 된다. 그러기 위해서는 특목고나 자사고 등 고등학교를 서열화하는 정책이 폐지되어야 한다. 학교 구성원이 자율성과 능동성을 가질 수 있도록 관료주의를 없애는 등 학교 문화를 바꾸는 일도 요구된다.

이런 방법 중에는 중장기적으로 전사회적 노력이 있어야 가능한 것이 있고, 단기적으로 지방교육자치 단위에서 시도할 수 있는 것들이 있다. 일반고의 교육 목표의 재점검과 학력 개념의 수정, 미래 역량을 위한 수업방법 적용 등 정규수업의 강화방안 마련과 여건 조성, 자율성과 능동성에 기반을 둔 학교문화 혁신 등이 후자에 해당될 것이다. 당장 할 수 있는 것은 과감하게 실천하고 사회적으로 의제화해야 할 것은 꾸준히 문제제기하는 노력이 필요하다.

인천형 혁신학교를 운영하자

일반고의 학력 저하와 위기의 주범이 비정상적인 특목고와 자사고 때문이라는 데에는 일정한 사회적 공감대가 형성돼 있는 것 같다. 비록 자사고 학부모들의 저항으로 한 발 물러나기는 했지만 박근혜 정부의 교육정책마저 자사고와 특목고의 전횡을 문제 삼고 있다.

전체 고교 학생의 6.1%에 불과한 자사고와 특목고를 위해 고교 서열 피라미드가 고착화하면서 일반고는 수업 붕괴, 교실 붕괴, 학교 붕괴를 경험하고 있다. 그런데도 교육 과정에 자율성을 좀 주고 한 해 5천만원 정도 더 줄 테니 일반고 스스로 자구책을 마련해서 자사고와 특목고와의 경쟁에서 승리하기 위해 학력 향상에 사력을 다하라는 해법은 구태의연하고 기만적이다. 마치 짝퉁백을 메고 다니면서 명품백 흉내를 내라는 말과 별반 다를 게 없다.

교육은 더 이상 계층 이동의 사다리 역할을 할 수 없다는 진단이 내려진 지 오래다. 이런 저런 부분적인 치료법을 내놨지만 병은 더 악화되고 있다. 이제는 근본적인 처방과 대수술이 필요할지 모른다. 당장 공정한 경쟁 구조를 만들 수 없다면 학력의 패러다임부터 새로운 학력, 미래 학력으로 바꿔야 한다. 그러기 위해서 지방교육자치나 단위 학교에서라도 교육 혁신을 모색해야 한다.

현재는 인천시 내에서도 지역별로 학교 간 편차가 커지는 상황이다. 학교에 따라 학력 향상을 위한 학습 부분의 지원이 필요한 학교도 있고, 돌봄이 더 필요한 학교도 있다. 이런 학교별 차이를 고려해 학교 간 지원 체계가 달라져야 한다. 그래서 인천형 혁신학교가 더 절실한 것이다.

교육복지를 말하다

과거 한국 사회에서 교육은 희망이었다. 개천에서 용이 나는 시대였다. 하지만 우리 사회의 양극화가 심화되면서 이제 교육분야도 더 이상 방치할 수 없는 양극화 상황으로 치닫고 있다. 교육이 부를 대물림하는 통로일 뿐이라는 인식이 널리 확산되고 있고, 인천의 낙후된 구도심과 새도심 사이에서 교육은 이주의 주요한 요인으로 작용하고 있다. 교육이 희망을 일궈내지 못하고 사회적 갈등의 요인이 되는 사회로 치닫고 있는 셈이다.

21세기 교육의 목표는 창의력과 협력적 사고, 사회적 리더십을 갖춘 사람을 길러내는데 있다. 하지만 안타깝게도 이러한 시대적 요구에도 불구하고 우리 교육은 여전히 입시 중심 교육의 낡은 틀을 벗어나지 못하고 있다. 학벌주의의 문제점이 여전히 개선되지 않는데다 학력 간, 정규직과 비정규직 간 임금 격차가 심화되는 상황에서 안정된 일자리를 얻기 위한 경쟁이 학교 교육을 매개로 전개되고 있는 것이다.

학벌 서열구조의 상층부가 사회적·경제적 지위를 결정하는 구조를 그대로 놔둔 채 올바른 교육개혁을 논의하는 것은 무의미하다. 학생 개개인이 가진 역량을 계발해 내는 교육이 아닌, 이른바 명문대에 합격하기 위한 무한 입시 경쟁교육은 우리 사회에 커다란 해악을 끼치고 있다. 학생은 최소한 밥 세끼 먹고 8시간 편하게 자는 것조차 누리지 못한 채 인성이 멍들어가고 있고, 학부모는 사교육비 부담으로 인해 허덕이고 있다.

교육부가 발표한 '2013년 OECD 교육지표'를 보면 공교육에서 우리나라 학부모들이 부담하는 교육비 부담은 13년째 부동의 1위를 차지하고 있다. 공교육 부문에서 국가가 부담하는 비율이 4.8%밖에 되지 않아 OECD 평균치인 5.4%에도 미치지 못하고 있는 반면 학부모들의 부담률은 2.8%로 OECD 평균인 0.9%의 3배에 달하고 있다. OECD 국가 가운데 우리나라보다 GDP 대비 교육비 지출 비율이 높은 나라는 덴마크와 아이슬란드 등 두 나라뿐이다. 즉 교육에 엄청난 돈을 쓰고는 있지만 다른 나라와 달리 우리나라는 그 부담을 고스란히 학부모가 짊어지고 있다는 뜻이다.

우리나라의 민간교육비 지출은 고등교육 이상 교육과정에서 많이 발생하고 있다. 고등교육 이상에서의 민간교육비 지출 비중은 72.7%로, OECD 평균치인 31.6%의 2배에 달한다. 고등학교 무상교육 실시와 입시중심 교육의 폐해를 극복하는 새로운 교육체제, 그리고 새로운 교육체제를 가능하게 뒷받침하는 사회제도가 실현되기 전까지는 우리는 이런 숫자를 계속 보게 될 형편이다.

교육이 희망이 되고, 교육으로 행복한 세상을 만들기 위해서는 교육에 대한 새로운 인식 전환이 요구된다. 교육복지로의 전환은 이러한 교육 문제를 해결하기 위해 반드시 필요한 밑그림이다. 교육의 기회마저 부모의 경제력과 사회적 환경에 의해 결정되는 사회에서 온 국민을 한데 묶어낼 수 있는 비전은 요원할 수밖에 없기 때문이다. 그 동안 한국교육을 주도한 관료주의와 신자유주의 교육은 교육을 수단으로 전락시켰고 이로 인한 경직된 경쟁 체제는 모든 국민들에게 고통만 안겨줬다.

교육은 누구나 향유하고 행복할 수 있는 것이어야 한다. 교육 자체가 목적이 되어야 하고, 학교는 지역사회와 함께 하면서 민주주의가 숨 쉬는 곳이어야 한다. 세계가 주목하는 핀란드는 교육의 4대 기조가 '문명의 가치', '평등', '창의성', '복지'라고 한다. 교육을 통한 진정한 경쟁력은 경제 원리와 다른, 교육이 본연의 역할을 다하는 가운데에서 생기는 것이다. 단지 명칭만 바꾸는 차원이 아니라 교육 정책의 철학과 기조가 전환돼야 하는 것이다. 교육이 정치, 경제 등 다른 분야에 의존하거나 종속되지 않고 고유한 교육 활동이 이루어질 때 진정 행복해지고 교육력도 올라간다.

교육복지는 단순한 복지의 양적 확충 차원이 아니라 교육 본연의 소임에 충실할 수 있는 방편이어야 한다. 영·유아 단계에서 평생 교육까지 모든 이들에게 질 높은 공교육을 제공하고, 최소한 헌법에서 밝히고 있고 국민이 기대하는 수준을 받아들여 영아부터 고등학교까지 완전한 무상교육을 실현해야 한다.

그럼 교육복지란 무엇인가. 복지(welfare)는 사전적 의미로 신체적 건강, 정서적 안정, 경제적 보장 등을 말하며, 시민들이 이러한 것들을 향유할 수 있도록 지원하는 제반 사회적 노력을 의미한다. 경제적 취약계층에게 필요한 경제적·사회적 서비스를 제공하는 프로그램이나 공적 지원도 여기에 해당된다.

또 사회복지(social welfare)는 복지 프로그램이나 혜택, 서비스

등을 통해서 사회체제 유지에 근간이 되는 사회적·경제적·교육적·보건적 필요를 지원하는 국가체제, 또는 사회 전체의 복지적 삶의 상태를 뜻한다.

교육복지(educational welfare)는 아직까지 우리 사회에서 공식적인 정의가 내려지지 않았지만 배움과 깨달음을 통해 좋은 삶(well-being)의 근간이 되는 자존감, 타인 존중, 의연하고 당당한 삶을 위할 수 있는 능력, 특히 이 세상에 대한 희망을 가질 수 있도록 경제적·사회적 취약계층에게 최고 최적의 교육환경을 제공하는 교육체제 또는 교육 환경을 부여하는 것을 의미한다.

하지만 현행 우리나라 교육복지 정책은 많은 문제점을 안고 있다. 개인의 책임이 강조되고 필요 자체보다는 개인의 자격에 따라 복지가 제공되는 정책을 일관되게 고수해왔기 때문이다. 우리나라는 해방 이후 미국과 일본식의 전형적인 모델을 벤치마킹하며 정책에 반영해왔다. 이는 국가 역할이 극대화되고 사회권이 강조되며 보편적 복지급여의 수준도 높아서 수혜자와 비수혜자의 구분이 무의미하고 사회복지 확대에 대한 이념적 대립도 약한 스웨덴과 노르웨이 등 북유럽 국가들의 모델과는 거리가 먼 내용이다. 이러한 미·일 식 교육복지 형태는 고용 불안정 심화에 따른 사회적 위기 속에서도 성장률 저하, 성장잠재력 약화 등을 우려해 보편적 복지보다는 국민 개개인의 책임을 강조하는 차별적 복지제도를 고집하고 있다는 점에서 문제를 안고 있다.

현재 한국의 교육복지 정책에서 나타나는 문제점을 몇 가지로 나눠 볼 수 있다.

먼저 교육복지의 이름으로 제공되는 혜택은 학생들이 마땅히 누려야 할 교육기본권임에도 불구하고 사회적 시혜로 바라보는 시각이 존재하는데서 오는 '낙인감'을 꼽을 수 있다. 학교현장에서 교육복지 사업을 담당하는 많은 교사들은 교육복지 지원사업에 참여하는 학생 대부분이 경제적 이유와 가정환경의 어려움 때문에 심리적으로 위축돼 있고, 교육복지 프로그램에 참여하려는 욕구가 낮다고 지적하고 있다. 교육복지에 대한 개념과 목표를 보다 명확하게 초중등교육법 등에 법적 근거를 두고 정립할 필요가 있다.

둘째로는 현재 시행되는 교육복지제도의 형태가 사후 복구적이란 점이다. 가정과 학교, 지역사회에서 개별화되고 방치된 학생들에게 정서적, 학업적으로 지원이 이뤄지는 것은 매우 필요한 일임에는 틀림이 없다. 그러나 대상 학생을 가려내고 개별지원하는 과정에서 학교는 프로그램 제공에 어려움을 겪게 된다.

이를 개선하기 위해서는 사후 복구적 과정들이 사전 예방적 모델로 전환돼야 한다. 교육복지 정책은 정규수업 시간의 결손에 대한 사후 보상 차원의 관점에서 벗어나야 한다. 정규 교실수업에서의 모든 학습자의 유의미한 학습을 위한 노력이 교육복지의 핵심이 돼야 한다. 교실 수업의 학습 곤란을 방치한 채 방과후에 여러 서비스를 제공하는 것은 아무래도 문제가 있다. 바르게 대처해야 한다.

셋째 교육복지 초점 집단을 바라보는 관점이 잘못됐다는 점이다. 취약성을 지닌 정책 초점 집단을 결핍의 존재, 관리의 대상으로만 바라보는 시각은 잘못되도 한참 잘못됐다. 오히려 이들의 장점을 인정하고 자주적 역량을 키워 사회적 자본으로 성장해 갈 수 있게 지원하는 관점으로 바뀌어야 한다. 학교뿐만 아니라 지역 사회 공동체 속에서 역량을 키우며 성장할 수 있도록 다양한 계기를 마련해줘야 한다.

　마지막으로 교육복지의 효과를 단기적으로 얻고자하면 곤란하다. 교육복지 사업은 교육에서의 격차 보정사업으로서 그 성과에 대한 평가에 따라 사업의 유지나 확대가 규정되고 있다. 지원 대상 학생들이 교육복지사업을 통해 지적, 정서적으로 얼마나 성장했는가를 보여줄 수 있어야 사업의 효과가 인정되고 있는 것이다. 복지사업이 이러한 초단기적 투입 - 산출 위주의 평가방식을 적용하고 적용받아야 한다고 보는 시각은 우리 사회 복지의식의 천박한 수준을 그대로 드러내는 것이다. 교육복지의 성과를 당장의 지적, 정서적 변화에서 찾고자 하는 것은 격차를 유발하는 복합적이고 구조적 요인들과 그 변화 과정의 지난함에 대한 몰이해에서 비롯된다. 교육의 성과는 장기적으로 파악이 진행돼야 하고 학교가 당장의 성과를 내지 못한다면 프로그램을 탓하기 전에 그것을 가로막는 장애에 대한 분석이 선행되어야 한다.

　그러면 진정한 교육복지를 위해 필요한 구체적인 정책은 무엇일까. 우선 정책에 앞서 진정한 교육복지를 이뤄내기 위해 교육의 철학과 패러다임부터 바꿀 필요가 있다.

　비교와 경쟁을 우선시하는 교육을 배려와 협력의 교육으로 전환해야 하고 선발 효과에 기대는 교육보다는 학교 효과를 극대화하는 교육으로 바꿔야 한다. 부모의 가난이 아이들의 학력으로 대물림되는 교육 양극화를 심화시키는 교육이 아니라 부모가 가난해도 마음 놓고 학교 교육을 받을 수 있는 학교 복지체계가 갖춰져야 한다. 지역과 계층에 따른 차별적인 교육환경을 역차별적인 교육환경 개선으로 평등한 교육 여건을 만들어 주는 일이 시급한 과제다. 학생들의 성적 향상에만 관심이 있는 교육이 아닌, 학생들의 행복지수에 관심을 둔 교육으로 인식이 바꿔이져야 하며 공교육을 강화해 특권 부모를 위한 교육이 아닌, 일반 학부모를 위한 교육으로 개선돼야 한다. 아울러 경제논리 시장논리에 따르는 도구로서의 교육이 아니라 아이들의 건강한 성장과 행복찾기에 기여하는 교육을 만들어 내야 한다.

구체적인 교육복지 정책으로는 단계적 무상의무교육의 실현과 친환경 무상급식의 확대, 교육환경이 열악한 학교와 지역에 대한 지원의 확대, 교육 소외계층에 대한 지원 확대 등을 꼽을 수 있다.

교육 현장에서 가장 절실하게 체감할 수 있는 교육복지 예산은 바로 학교 기본 운영비이다. 일선 학교의 살림살이 예산에 해당하는 기본 운영비는 학생 교육활동과 직접 연결되는 예산으로 교실복지, 수업복지 예산이라고도 할 수 있다. 그런데도 인천시교육청은 2014년도 학교 기본 운영비를 동결 처리했다. 2014년도 예산에서 학교 운영비를 동결 처리한 교육청은 전국에서 인천을 포함해 3곳뿐이다. 특별교부금 예산을 보통교부금으로 전환해서라도 바로 잡겠다는 교육청의 인식 변화가 필요하다. 학교 예산이 부족해 학생들이 찜통교실, 북극교실에서 공부하는 일은 더 이상 없어야 한다. 초등학생 학습준비물 지원 확대 등 교육활동에 사용되는 실질 교육비의 지원도 더 늘려야 한다.

또 저소득층 자녀에게 학비와 학교 급식비, 정보화 학습을 지원하는 등 사회적 배려 대상 학생에 대한 지원을 대폭 늘리고 교통비나 도서 구입비, 현장 학습비, 교복 구입까지 지원할 필요가 있다. 지원 대상을 좀더 늘려 최대 40%까지 확대하는 방안도 검토돼야 한다.

이제 친환경 무상급식은 더 이상 논쟁의 대상이 아니다. 무상급식을 실천하고 확대해 나가는 것은 사회 통합의 한 과정이다. 보편적 교육복지 차원에서 무상급식 대상을 유치원과 중학교까지 확대해야 한다. 현재 중학교 무상급식을 실시하지 않은 곳은 인천을 포함해 전국에서 3곳뿐이다. 무상급식이 고등학교까지 확대돼 가는 판국에 유치원과 중학교에서 무상급식이 시행되지 않고 있는 것은 인천의 교육복지가 상대적으로 뒤떨어져 있음을 보여주는 것이다. 성장기 학생들이 건강하게 성장할 수 있도록 학교 급식에 안전하고 친환경적인 식재료 공급도 이뤄져야 한다.

아울러 촘촘한 복지 그물망 형성으로 보편적 교육복지를 실현하고 저소득지역 학생들의 교육격차를 해소하기 위해 낙후된 지역과 학교에 대한 교육 지원을 더욱 강화해야 한다. 이를 위해서는 각 지역교육청에 마련된 지역교육복지센터의 기능을 더욱 활성화하고 기초자치단체와 연계해 교육복지 지원체계를 마을 단위로 세분화할 필요가 있다.

저소득 계층 자녀와 맞벌이 부부 자녀, 장애인 자녀, 다문화가정, 한부모 자녀, 탈북가정 학생 등 사회 소외계층의 교육여건을 개선해 교육격차를 해소하고 사회통합을 실현하는 일도 시급한 과제다. 저소득층 및 맞벌이 가정 부모들이 안심하고 생업에 종사할 수 있도록 유치원, 초등 저학년생 대상 방과후 돌봄 교실을 확대 운영할 필요가 있다. 소외계층 학생에 대한 전문적 진단과 학습·

돌봄·진로 등 통합형 맞춤 서비스를 제공하는 일도 요구된다.

교육 양극화 해소를 말하다

인천교육이 양극화로 멍들고 있다

 인천교육은 이제 부모의 가난이 자녀들의 학력으로 대물림되면서 교육 양극화가 심화되는 양상을 보이고 있다. 이러한 교육 양극화 현상은 공교육의 이념인 평등성을 침해하고 사회적 갈등을 조장하며 사회 통합을 저해하는 등 여러 문제를 양산하고 있다.
 인천은 1975년 시작된 고교 평준화 체제가 사실상 해체되고 고교 서열화가 고착돼 가고 있는 실정이다. 자립형 사립고등학교 1개교, 외국어 고등학교 2개교, 국제고, 과학고 2개교 등 특목고가 설립되면서 고교 평준화 시대는 끝났다고 해도 과언이 아니다. 이들 특목고의 출현으로 이른바 수월성 교육체제는 이미 충분히 구축돼 있는 셈이다.
 이 같은 교육 불평등은 여러 가지 문제를 야기하고 있는데 계층·계급 간, 지역 간 불평등이 대표적이라 할 수 있다. 특히 고등학교 교육은 학생 선발 효과와 학생 선택권에 기대어 서열화를 강화하고 평준화 체제를 무너뜨리면서 수직적 수월성 교육, 소수 특권층을 위한 교육으로 확대해 가고 있는 형편이다. 오로지 'in 서울, 명문대'를 목표로 정체성도 없이, 입시 진학교육을 유일한 진로교육으로 삼아 학생들에게 영·수·국 몰입의 붕어빵 주입식교육을 끝없이 강제하고 있다.

이제 이러한 교육 양극화 현상을 타파하기 위해 인천교육의 패러다임을 바꿔야 할 시점이 됐다. 더 이상 머뭇거릴 여유가 없다. 실질적인 교육 기회의 평등을 위해 학교구조와 교육프로그램을 확 바꿔야 할 시기가 된 것이다. 부모가 가난해도 아이들이 재능과 적성에 따라 마음 놓고 학교 교육을 받을 수 있는 믿음의 교육복지 체제를 구축하는 일이 시급한 과제로 떠오르고 있다.

교육 양극화를 해소하기 위해서는 모든 학생의 학력 향상을 꾀할 수 있는 고교 평준화를 오히려 강화해야 하며, 모든 학생들에게 발달의 기회를 최대한 보장해주는 수평적 수월성 교육으로 전환해야 한다.

자연의 이치가 그러하다. 숲에는 나무, 새, 곤충 등 온갖 생명체들이 자신의 제 모습대로 살고 있지 않은가. 학교에서도 다양한 재능을 가진 아이들이 제 본래의 능력을 발휘하도록 자질을 최대한 이끌어 내는 교육이 필요하다. 경쟁과 약육강식이라는 동물의 세계 논리를 아이들에게 들이대는 것은 교육이 아니라 야만이다.

학교는 경쟁이 아닌 지원과 배려를 통해 교육의 효과를 극대화하고 사회 통합을 이끌어가는 교육을 만들어 내야만 제 역할을 다 할 수 있다. 지역과 학생, 학부모의 특성을 고려한 맞춤형 학교 교육과정을 운영하고, 목표가 있는 배움이 가능하도록 진학 교육만이 아닌 다양한 진로 교육을 펼쳐야 한다. 그래야만 학교가 공교육의 이념인 보편성, 평등성, 전문성을 실현할 수 있을 것이다.

혁신학교 운영으로 지역 교육격차 해소해야

혁신교육지구는 인천시내 원도심-신도심 간 극심해진 교육 격차를 해소하고 원도심 지역의 교육을 정상화하기 위해 진지하게 고민해 보아야 할 과제다. 혁신교육지구를 통해 낙후된 원도심 지역의 주민과 학생들에게 학교가 유일한 희망이라는 것을 보여 주어야 한다. 낙후된 원도심을 살리기 위해서는 다양한 방법이 있겠지만, 지속 가능한 발전을 위해서는 혁신학교를 통한 학교교육이 가장 긴요한 대안이 될 수 있다.

경기도의 경우 2009년 혁신학교 제도를 도입한 이후 지속적으로 확대해가면서 획일적인 공교육에 변화를 주는 성공적인 모델로 자리잡아 가고 있다. 도교육청은 2013년말 현재 145개교의 혁신학교를 지정해 운영하고 있다. 2014년 3월 1일부터 초등학교 20곳과 중학교 17곳, 고등학교 4곳을 추가 지정해 총 195개교를 운영한다는 계획이다.

경기도의 혁신학교들은 교사들이 자발적으로 협력해 수업과 교육 과정을 바꾸고 학생들의 생활문화를 의미 있게 해결해 나가면서 교사와 학생들로부터 폭 넓은 공감대를 형성해가고 있다. 이 혁신학교는 교사들이 교육활동에 몰입할 수 있도록 행정적인 개선 조치가 가능해지고 교육과정이 교육청이 아닌 교사 중심으로 이뤄지면서 공교육에 의미 있는 변화의 바람을 불러 일으키고 있다.

혁신학교는 중장기적인 계획이 필요하며 재정 여건 등을 고려해 단계적으로 확대해 나가야 할 사업이다. 혁신학교를 지정해 운영하되 원도심에 우선 지정하고, 이 혁신학교를 중심으로 주민과의 소통과 협력을 통해 하나의 교육공동체를 구성하는 것을 목표로 삼아야 한다.

원도심 지역을 떠나는 학생, 학부모들로 인해 야기되는 교육 공동화 문제를 해결하기 위해서는 원도심의 열악한 교육환경 개선이 우선되어야 한다. 인천시교육청이 2012년 박문여중·고의 송도 이전에 대한 불만을 잠재우기 위해 원도심 교육환경 개선계획을 발표했지만, 주민의 의견이 제대로 반영되지 않았고, 실효성이 낮다는 비판을 받아왔다. 노후화된 건물과 시설을 개·보수하는 일도 필요하지만 보다 근본적인 대책이 필요하다. 신도시로 이전한 학교까지 되돌아오고 싶을 만큼 교육하기 좋은 환경과 문화적 인프라를 구축하여 주민의 삶이 풍요로워진다. 이는 경기도의 사례에서 볼 수 있듯이 충분히 가능한 일이다.

인천시교육청과 인천시의 '입시교육-수월성교육 몰입정책'으로 나온 '학력향상 선도학교'의 실패에 따른 대안을 원도심에서 찾아 실천하는 것도 좋은 방안이 될 수 있다. 그동안 타 지역에서 성공을 거두고 있는 혁신학교, 혁신교육지구에 대해 인천 학부모들도 꾸준히 관심을 보여 왔다. 하지만 인천시교육청은 이러한 학부모들의 요구를 모르쇠로 일관하며 입시 중심, 특권교육에만 몰입해 왔다. 인천시 차원에서도 수월성교육 중심 정책으로 인천교육의 난맥상을 해소하려 했고 그나마 대개 실패했을 뿐 혁신교육에 대한 정책 의지는 전혀 없었다고 해도 지나친 말은 아닐 것이다.

언제부터인가 우리 사회에서는 교육을 정치의 잣대로 보는 경향이 두드러지기 시작했다. 이른바 '진보'라고 불리는 교육감이 주민직선제로 선출되어 고여있던 지역교육에 '혁신학교', '행복학교', '무지개 학교' 등의 이름으로 새 바람을 불러 일으켰는데 이를 '좌파'니 심지어는 '종북'이니 하면서 폄훼하고 있는 것이다. 교육은 이념으로서의 좌우의 문제, 진보·보수의 문제를 넘어서 있어야 한다. 우리사회의 가장 기준이 되는 가치인 헌법에도 분명히 교육의 정치적 중립성을 보장하고 있는 것이다.

 그리하여 혁신학교는 정치적 이해관계를 떠나 교육 본연의 모습을 회복하는데 그 목표를 두고 있다. 교육이 교육답고 학교가 학교답게 가자는 것이다. 이는 박근혜 정부가 내세우고 있는 '학생들이 입시준비 교육 위주에서 벗어나 꿈과 끼를 키우고 창의력을 높일 수 있도록 학교 교육을 정상화하겠다'는 내용의 국정 철학과도 일치한다.

 혁신학교, 혁신교육지구는 미래교육을 준비하는 것이기도 하다. PISA 2015 신학력 개념(창의성, 자율성, 자기주도 학습능력, 공동체적 학습문화를 통한 협동적 문제해결 능력, 인성·문화·예술·체육 감수성, 환경 소양 등)의 신학력은 학교 교육의 변화에 맞춰 지역과 학교가 함께 추구할 때 시너지 효과가 나타나게 되며, 학교 내부와 외부의 지역사회, 지자체 등의 성장 지원망이 서로 연계될 때 달성할 수 있다.

 교육혁신은 '학교-교육청-지역사회-지자체'의 새로운 교육협력시스템 구축을 통해서만이 가능한 교육 모델이다. '한 아이를 키우기 위해서는 온 마을이 필요하다'(It takes a whole village to raise a child)는 나이지리아 속담처럼 한 아이가 속한 공동체의 영향 없이는 결코 건강한 어른이 될 수 없다. 그러므로 한 아이가 자라 건강한 성인이 된다는 것은 그 공동체 모두의 건강성을 담보하는 것이기도 하다. 반대로 한 마을에서 자란 아이가 어른이 돼서도 온전치 못하다면 마을 누구도 그 책임으로부터 자유롭지 못하다는 의미도 된다. 앞으로의 교육은 단위 학교나 교육청만으로는 해결할 수 없는 상황이다. 학교와 지역사회가 소통하여 바람직한 모습의 교육이 어떠해야 하는가에 대한 새로운 패러다임을 구축해야 한다. 혁신학교, 혁신교육지구 정책은 교육청뿐만 아니라 인천시와 각 군, 구 등 지자체가 함께 추진하지 않으면 성공할 수 없는 정책이다.

또한 혁신교육지구는 학생 모두를 위한 책임교육을 실현할 수 있는 최선의 정책이다. 단 한명의 아이도 교육에서 소외시켜서는 안 된다. 특히 수도권에서 낙후된 교육환경과 심각한 지역간 교육격차 문제에 시달리고 있는 인천시의 경우에는 시와 교육청, 각 군·구가 협력해 학급당 학생 수 감축에 초점을 맞춘 선진국 수준의 교육환경을 위해 지원과 투자를 이끌어낼 필요가 있다.

혁신교육지구는 우선 학생과 학부모, 지역사회가 원하는 교육환경으로의 변화를 모색하는 것이다. 즉 획일적 구조와 경쟁 위주의 교육현실에서 탈피하고, 공교육의 정상화로 사교육 없는 책임교육을 실현하는 것이다.

또 소외계층을 배려하고 모든 학생들의 전인교육을 지향하며 개인별 특성에 맞춘 맞춤형 프로그램을 개발해 현장에 적용하는 것이다. 교육 소외계층의 학습기회 확대와 학력격차 축소, 인격 존중과 교육복지 실현을 지향하는 것이다.

아울러 교사·학부모·학생 등 구성원의 자발적 헌신에 기반한 협력문화를 바탕으로 삼아야 한다. 학생과 학부모의 참여를 보장하는 지역 교육·문화·복지센터로서의 학교 기능을 강화하고, 학교공동체의 문화적 변화 노력으로 새로운 학교 문화 창출에 기여하도록 해야 한다.

혁신교육지구의 추진은 교육청과 시청이 함께 정책을 입안하고 재정을 분담하면, 구청과 지역교육지원청이 공동으로 대상 학교와 해당 지역을 공개모집해 추천하고 교육감과 시장이 지정해 지원하는 체계를 갖춰야 한다. 이 과정에서 시, 교육청, 교원단체, 시민단체 등이 참여하는 '혁신학교추진위원회'를 구성해 계획단계부터 민관협력 체제 구축을 모색해야 할 것이다.

혁신교육지구와 혁신학교에 대한 행·재정적 지원은 해당 학교를 자율학교로 지정해 시설 확충 등을 우선 지원하되, 운영 프로그램 개발 및 운영비, 외부강사료, 보조인력, 기자재비 등의 예산은 별도로 지원할 필요가 있다. 담임교사 특별수당, 예체능 강사료, 보조 인력비, 프로그램 개발 및 운영비 등의 사업비는 학교별 공모 신청서의 사업계획에 따라 추진위원회에서 결정토록 하면 될 것이다.

혁신교육지구의 성공을 위해서는 우선 '즐거운 배움이 일어나는 수업 환경'을 만드는데 중점을 둬야 한다. 혁신교육지구 내 혁신학교에 대해 학급당 학생수를 25명 이하로 감축해 최적의 학습환경을 조성하고 각종 잡무로부터 교사들을 해방시켜 교사가 생활지도와 질 높은 수업에 집중할 수 있도록 해야 한다. 이는 교무행정사와 학교 사회복지사 배치를 통해 가능할 것이다. 정규 수업 지원을 위한 협력교사제 운영을 통해 단 한 명의 학생도 수업에서 뒤처지지 않도록 배려하는 것도 필요하다.

창의적 학교 혁신은 교원과 학부모에 대한 연수와 교육 지원에 성패가 달려 있다고 해도 과언이 아니다. 교사가 21세기 미래사회 변화에 부응할 수 있도록 전문성을 높이려면 교원 연수가 필수적이다. 또한 교사는 물론 학교교육에 참여하는 학부모에 대한 연수도 추진해 교사와 학부모가 함께 혁신학교를 만들어가도록 지원할 필요가 있다.

아울러 '배려와 돌봄이 꽃피는 학교와 지역사회 여건'을 조성하는데도 중점을 두어야 한다. 교육복지 차원에서 소규모 테마 체험활동 학습비 지원, 테마 체험활동을 위한 교통 지원, 수학여행비와 교복비 지원 등이 이에 해당된다.

개인 성장 지원을 위한 맞춤형 복지도 강화할 필요가 있다. 개인 성장 지원을 위한 지역사회 교육전문가 지원이 있어야 하고, 교육 소외 학생에 대한 체계적인 교육복지 지원이 이뤄지도록 해야 한다. 지역사회 인적 네트워킹도 강화해 지역의 가용 자원을 효율적으로 사용하는 방안도 고려해 볼 수 있다.

이밖에 사회적 배려 대상자 등을 위한 학력향상 종합 프로그램이나 취업지원센터 운영을 통한 맞춤형 취업·진로 프로그램 운영 지원도 필요한 항목이다.

일반고 정상화 통해 학교간 교육격차 없애야

 박근혜 정부는 이명박 정권에 이어 경쟁과 효율을 명분으로 고교 다양화를 추진하고 있다. 그러나 그 결과는 학교 서열화의 변칙 형태인 수직적 다양화만 가져왔고 일반고의 학력 저하와 슬럼화란 부작용은 그대로 남아 있다.
 교육계 일각에서는 일반고가 학생들의 학업 성취에 보다 많은 관심을 기울이고 학생들에게 열성을 보인다면 지금의 위기를 극복할 수 있다고 말한다. 반면 특목고-자사고-일반고로 이어지는 학교 서열화 체제를 근본적으로 재검토한 바탕 위에서 총체적 해결방안을 모색해야 한다는 의견도 제기되고 있다. 후자는 지금 일반고가 겪는 위기는 구조적인 것이어서 개별 학교의 노력만으로는 해결할 수 있는 문제가 아니라는 시각이다.
 일반고가 지금의 위기를 극복하기 위해 흔히 채택하고 있는 '학업성취 압력'이나 '교사의 기대수준 제고', '학교 단위의 자율적 교육과정 운영권 부여' 등이 실제로 교육현장에서 어떻게 작동하고 있는지 면밀하게 분석해 볼 필요가 있다. 단기적인 효과에 그치거나 성적 상위권 학생들에게만 효과가 미치고 오히려 국·영·수 몰입 교육과정의 폐해가 강화될 우려가 있기 때문이다.
 자사고의 전면 폐지 또는 대폭 축소를 통해 공교육 생태계의 건강성을 복원하는 것이 지금의 위기를 해결할 수 있는 유일한 해결책이 될 수 있다. 기왕에 수월성 교육의 일환으로 과학고, 외고 등의 학교는 인천에 지금 있는 것으로도 충분하다고 볼 수 있다. 일반고의 정상화는 '보편교육, 평등교육을 실현하기 위한 고교까지의 의무(무상) 교육화'의 전제 조건이다. 의무교육을 단지 이삼류로 전락해가고 있는 고등학교를 대상으로 할 수는 없기 때문이다. 우리 교육이 가야할 방향은 헌법이 규정하고 있는 균등한 교육적 권리를 구현하는 것이다. 자사고류의 고교 서열화는 헌법적 가치를 흔드는 정책일 뿐이다.

학력향상 선도학교의 성과에 대해서는 논란이 있지만 '학교당 1년에 4억원씩 예산을 쏟아 붓고 성과를 내지 못하는 것은 비정상적'이라는 비판에 대해 동의하는 사람들이 많다. 하지만 고교를 서열화시켜 학교 지원 예산에 차별을 두는 것은 비교육적인 처사로 볼 수 밖에 없다. 일반고의 정상화를 위해 오히려 예산 배분에서 차별을 없애야 한다. 또 당분간 서열화 체제가 깨지기는 힘든 만큼 균형을 맞추기 위해 오히려 일반고에 대해 역차별적인 지원을 강화할 필요가 있다. 교육환경 개선에도 예산을 편성해야겠지만, 학생상담, 진학·진로교육, 생활교육, 직업교육 강화 사업에 예산을 우선 투자하도록 하고 교원 행정업무 경감, 교원 전문성 강화를 위한 연수 사업에도 예산을 적절히 분배해야 한다.

학교의 입시제도는 다양한 기능을 수행한다. 우선 교육적으로는 입학 적격자를 판별해 선발하는 기능과 사회적으로 개인 삶의 기회를 차등적으로 배분하는 기능을 수행한다. 그러나 상급학교로의 진학 희망자가 수용능력을 초과할 경우 상급학교의 입시제도는 하급학교의 교육과정 운영을 과도하게 제약하기도 한다. 이른바 SKY, in서울대, 지잡대로 불리는 현재의 대학 서열화 체제가 이를 말해주고 있다. 상위권 대학 입시에서 학교별 서열이 매겨져 선발되고 있다는 것은 이제 공공연한 비밀이다. 사회 일각에서 대학 평준화 이야기가 끊임없이 나오는 것은 바로 이 까닭이다.

특히 개인이 받은 교육의 종류와 정도에 따라 사회적 지위가 크게 영향을 받는 상황에서는 중등 및 고등교육의 입시제도는 사회적 지위 획득에 결정적인 역할을 한다.

정부는 입시제도가 갖는 이러한 교육적·사회적 중요성을 인식해 입시제도가 상급학교 입학적격자를 제대로 가려 선발하면서도 하급학교 교육과정의 파행화를 초래하지 않도록 세심한 배려를 해야 한다. 또 사회적으로 모든 집단과 개인이 공정한 교육 기회에 접근할 수 있도록 정책을 추진해야 한다.

1959년 초등학교 의무교육 정책이 완결되면서 초등교육 취학률의 증가는 폭발적인 중학교 진학 수요로 이어졌다. 그러나 중학교의 수용 능력은 이를 감당하지 못했고, 학교 간 격차로 인해 초등학생들의 중학교 입시경쟁은 더욱 치열해졌다. 이에 정부는 1968년 중학교 무시험입학 정책을 마련해 중학교 진학제도를 추첨 배정제로 전환했다. 그러자 중학교 입학난은 이제 고등학교 입시 경쟁으로 옮겨갔다. 다시 정부는 1973년 학군제를 실시해 고등학교에 대해 추첨으로 배정하는 고등학교 평준화 정책을 발표했다.

이후 정부는 1982년에 평준화 정책 보완계획이라는 것을 발표하면서 학교의 학생 선발권이나 학생의 학교 선택권을 강조하게 됐고, 지방자치제의 실시 등으로 평준화 실시 및 해제에 관해서는 각 지역이 선택할 수 있도록 했다. 1982년부터 과학고등학교, 1990년부터 외국어고등학교 설립을 허가한 뒤 이들 학교를 특수목적고등학교로 지정해 평준화 정책을 보완할 수 있도록 시행하고 있다. 2000년에는 '영재교육진흥법'이 제정돼 영재교육을 지원하기 위한 제도적 장치도 마련됐다. 그 뒤 자립형 사립고등학교, 자율형 사립고등학교, 국제고 등을 만들어 개별학교 지원과 학생 선발이 가능하도록 하고 있다.

그러나 이러한 일련의 평준화 보완정책은 오히려 평준화를 흔들어 본질을 훼손시키는 지경에 이르고 있다. 평준화 보완 정책의 결과로 일반고 슬럼화와 교실 붕괴, 수업 탈주와 같은 현상들이 나타나고 있는 것이다.

아직도 고교 평준화를 시도해 보지도 않은 지역이 많은 상태에서 이미 평준화를 실시한 지역에서 평준화의 취지가 파괴되고 있는 셈이다. 인천에서는 1975년도에 고교 평준화가 시작돼 현재에 이르고 있다. 다른 지역과 마찬가지로 인천에서도 이미 평준화를 깨는 고교 서열화가 피라미드 구조를 만들고 있다. 외국인학교-국제고-특목고(외고, 과학고 등)-학력향상 선도학교 및 입시 명문고-중점학교(과학중점 등) 및 마이스터고-자율형 공립고-일반고-특성화 고등학교-학력인정학교 등의 순서로 학교의 서열화가 고착되어 있다.

이제는 이러한 구조에서 벗어나 실질적인 고교 평준화를 강화하고 일반고를 정상화하기 위한 방법이 무엇인지 찾아야 할 때이다. 먼저 일반고 배정방식에 문제가 없는 지 검토하는 것이 필요하다. 고교 평준화를 실시하고 있는 타 지역과 달리 유독 인천과 광주만임의 추첨 없이 100% 희망 추첨에 의해 학생 배정을 하고 있다. 정원의 100%를 희망 추첨하는 것은 다른 시도의 자율형 공립고, 과학중점학교에서나 볼 수 있는 방식이다. 또 인천에만 유독 독특한 제도가 하나 있는데 바로 '공동학교군'이다. 다른 시도의 경우 대부분 광역학교군과 거주지학교군으로 나눠 추첨 배정하는 방식을 채택하고 있다.

고교 평준화 정책의 취지가 모든 학생들에게 동일한 교육 기회를 제공하고 동질의 교육 환경을 조성하는 것이라면, 모든 고등학교의 교육 여건을 균질하게 조성해야 하고 학생 거주지와 가까운 학교에 임의 추첨 배정하는 것이 자연스러워야 한다. 여기에 더해 학교 간 성적 격차를 최소화할 수 있는 배정 방식을 적극 고려해야 한다. 정원의 100%를 희망 추첨하는 방식과 학교군 배정 방식에 대한 재검토를 통해 혹시 이런 제도들이 인천의 고교 서열화를 부추기고 학교 간 불필요한 경쟁을 부추기는 것이 아닌지 살펴봐야 할 것이다.

또 일반고 정상화를 위해서는 학생 선발권에 기대는 고등학교 운영방식을 개선해야 한다. 무엇보다 특목고, 자사고의 정상화가 시급하다. 현재 인천에 설치된 특수목적고(과학고 2, 외고 2, 국제고 1), 자율형 사립고(하늘고, 제2포항제철고 등)에 대해서는 설립 취지에 맞게 운영하도록 하고 철저한 재지정 심사를 통해 평준화를 훼손하는 입시교육기관이 되지 않도록 관리해야 한다. 아울러 일반고와 형평성이 맞지 않는 차별적인 예산 지원도 자제해야 한다.

일반고의 슬럼화를 막는 가장 좋은 방법은 특목고와 자사고의 우선 선발권 자체를 폐지하는 것이다. 현실적으로 중상위권 학생들을 싹쓸이하고 있는 특목고와 자사고의 우선 선발권을 폐지해 일반고에도 공부에 흥미와 열의가 있는 학생들이 많이 입학할 수 있도록 해 정상적인 교육기관으로서의 면모를 갖추도록 하는 것이 바람직하다. 그러나 현실적으로 법 개정 등의 절차가 있는 만큼 사회적 논의를 거쳐 결단을 내려야 할 것이다.

  최근 문용린 서울시교육감도 일반고의 슬럼화 문제를 해결하기 위해 일반고의 자율고 전환을 확대하겠다고 밝혔다. 일반고의 교육 현실을 제대로 파악하고 있는 점은 다행스럽기는 하지만 그 해법이 일반고 슬럼화의 주범인 자사고류의 자율고를 늘리는 방향으로 제시되고 있는 점은 납득하기 어렵다. 교육과정의 자율권이 학교별 특성화된 교육과정이나 다양화가 아닌 영수국 집중 입시교육과정으로 변질되고 있는 엄연한 현실에서 일반고를 자율고로 전환하는 것은 결국 모든 학교를 입시 교육의 전쟁터로 내모는 결과를 초래하기 때문이다. 따라서 일반고의 슬럼화 문제를 해결하기 위해서는 일반고를 자율고로 전환할 것이 아니라 반대로 자사고 등 자율고를 일반고로 전환하는 것이 바람직하다.

  인천에서도 외고, 국제고, 자사고의 숫자를 현행대로 유지하거나 또는 일부 자율고를 일반고로 전환하는 방안을 고려해 봐야 한다. 예를 들어 2011년 개교한 하늘고의 경우 2013년 현원 650명 중 130명만이 인천국제공항공사 임직원 및 공항업무 종사자 자녀로 공항공사를 위한 학교란 것이 무색해진 만큼 일반고 전환을 적극 검토해 볼 필요가 있다. 특목고뿐만 아니라 중점학교의 0순위 우선 배정, 사립 고교의 중학교 성적 우수학생 빼가기 등의 관행에 대해서도 철폐나 금지 등의 조치를 취해야 한다.

명문고 특권교육 중지하고
교육국제화특구 부작용 최소화해야

학력향상 선도학교와 같이 지자체에서 입시 명문고를 육성하기 위해 차별적 지원을 하는 정책은 제고돼야 한다. 경제에서 낙수효과가 거짓이라는 것과 마찬가지로 교육에서도 학력의 낙수효과는 허구일 뿐이다. 우수한 학생들의 학력이 향상되면 자연 하위권 학생들의 학력도 오르리라는 것은 착각이다. 일부 우수한 학생들부터가 아니라 모든 학생들이 골고루 발달할 권리를 보장받아야 한다.

일반계고 기숙사 건립도 제한해야 한다. 기숙형 고등학교가 자기주도 전형으로 우수학생들을 입도선매한다는 지적이 있다. 도시형 일반고 기숙사라는 해괴망칙한 개념을 만들어 스파르타식 입시학원을 공교육 내에 만들겠다는 것은 비교육적인 발상이다. 기숙사는 농어촌학교 등 통학상 어려움을 겪는 학교에 한해 제한적으로 설립해야 한다.

현재 인천에는 연수구와 서구, 계양구가 교육국제화특구로 지정돼 있다. 교육국제화특구는 2013년 3월 23일에 교육국제화특구의 지정·운영 및 육성에 관한 특별법이 시행되면서 만들어진 것으로, 국제화된 전문 인력을 양성하고 나아가 국가의 국제 경쟁력 강화와 지역 균형 발전을 도모하기 위해 지정 운영한다고 밝히고 있다. 교육국제화특구란 외국어 교육 및 국제화 교육의 활성화를 위해 조성된 지역을 말한다. 교육과 경제, 경제자유구역과 교육국제화특구를 결합하려는 발상이다. 영어를 잘해야 경제에 유리하므로 영어 잘하는 인력을 키워내면 지역의 경제도 발전할 수 있다는 논리다.

 교육국제화특구가 우려되는 것은 교육을 교육 외적인 목적의 수단으로 아주 노골적으로 이용하려 한다는 점과 초·중등교육법에도 규정되지 않은 교육과정을 초·중·고등학교에 운영할 수 있다는 점이다. 그야말로 국적 없는 교육이 이뤄질 가능성을 충분히 안고 있다. 영어가 곧 권력이 되는 대한민국의 구조에서 영어교육 중심의 특구는 또 다른 교육 차별을 가져올 가능성이 농후하다. 인천교육계만이라도 교육국제화특구의 부작용을 최소화하는 노력이 필요하다.

 일반고를 정상화하는 것은 단순히 특목고와 자사고에 빼앗겼던 성적우수 학생들을 일반고로 불러들여 일반고의 성적 분포를 고르게 하자는 것이 아니다. 물론 평준화가 비평준화 지역보다 성적이 더 높다는 연구결과가 나와 있고, 한 교실에 공부 잘 하는 학생들과 못하는 학생들이 함께 있을 때 전체적인 학력이 향상된다는 것도 경험적으로 알고 있다. 그러나 일반고의 정상화라는 것은 여기에 그칠 일이 아니다. 특히 성적 하위의 학생들 중에서 대학 진학에 관심 없고 특성화고(전문계)에 진학하려다가 떨어진 학생들이 자신의 진로를 찾아가게 돕는 것을 일반고 정상화에 꼭 포함시켜야 한다.

 곧 일반고 정상화로 고교 졸업 후 취업을 희망하는 일반고 학생들에게 직업교육을 제공하는 교육과정의 다양화를 이뤄야 하고, 일반계고 학생들 중 한 학생도 교육적 소외를 당하지 않도록 배려해야 한다. 특히 학생들의 특성과 진로, 학력수준에 따라 맞춤형 대책을 마련하는 일은 시급히 강구돼야 한다.

섣불리 일반화할 수는 없겠지만, 일반고에 재학 중인 학생들을 세 집단으로 나눠 대책을 수립하는 방안을 제안하고 싶다. 성적 중상위 학생들에 대해서는 학생들의 희망을 고려해 맞춤형 학력향상 및 진학프로그램을 제공해 대학 진학에 최선을 다할 수 있도록 도와야 할 것이다. 또 대학진학을 희망하지만 학교공부를 못 따라가는 학생들에 대해서는 협력 교사를 배치해 주요 입시과목 수업시간에 학습진도를 따라갈 수 있도록 지원하는 것이 필요하다. 성적 하위 학생들에 대해서는 기초학력향상프로그램 지원과 함께 직업교육, 맞춤형 진로교육, 대안교육 등을 받을 수 있도록 우선 배려하는 것이 요구된다. 대학입시 공부에 흥미가 없다고 투명인간처럼 골칫덩어리 취급을 받는 일반고 학생들에게 새로운 희망을 꿈꿀 수 있도록 길을 찾아주는 일은 학교 교육이 무엇보다 지향해야 할 자세다.

이러한 대책이 실효성을 갖기 위해서는 우선 일반고 학생 가운데 직업교육에 대한 수요가 얼마나 되는지 기초 조사를 하고 그 바탕 위에서 대책이 세워져야 한다. 일반고 학생들의 직업교육 기회를 확대하기 위해서는 특성화고 정원을 확대하거나 추가 설립하는 방안, 고교 직업 위탁교육을 확대하는 방안 등을 검토해 볼 수 있다. 이 밖에 일반고 직업기술교육 희망 학생을 대상으로 하는 직업기술 교육과정을 개발하는 방안, 일반고 내 직업기술교육 희망생들의 실습기회 보장을 위한 인근 특성화고 공동실습실을 지원 운영하는 방안, 민간 직업교육 위탁시설(학원)을 이용하는 방안을 고려해 볼 수 있다. 특성화고와 일반고를 불문하고 고등학생들의 취업에 도움이 되는 취업지원센터를 지역교육청별로 운영하는 것도 좋은 방안이 될 수 있다.

  고등학생들에 대한 직업교육 기회의 확대와 함께 생각해봐야 할 문제는 고졸 취업생에 대한 사회적 수요의 창출이다. 지자체, 공기업, 공공부분부터 고졸 일자리를 확대하도록 하고, 협약을 통해 향토기업에 고졸 일자리를 늘리도록 유도해야 한다. 교육감과 시장부터 뛰어다니며 특성화고 취업담당 교사의 역할을 마다하지 않아야 할 것이다.

투명한 교육행정을 말하다

현재의 인천 교육행정은 본분에서 한참 벗어나 있다고 해도 과언이 아니다. 현직 교육감이 인사비리 문제로 재판을 받고 있고 2013년도 전국 17개 시도교육청 청렴도 평가에서 15위를 차지할 정도로 인천시교육청의 부패 정도가 심각한 수준이기 때문이다. 교육행정의 사전적 의미가 '교육 목표를 효과적으로 달성하기 위해 필요한 인적·물적 요소를 조직·관리하는 제반 지원 활동'임을 고려할 때 인천의 교육행정은 본 궤도에서 한참 벗어난 느낌이다.

인천의 교육행정이 부조리와 비리로 얼룩지면서 이제 환골탈태의 각오로 혁신하지 않으면 더 이상 희망을 갖기 어려운 지경에 이르렀다. 하지만 사회의 모든 영역에서 희망이 사라진다고 해도 교육에서만은 기대와 전망을 버려서는 안된다. 교육은 희망의 또 다른 이름이기 때문이다. 학교에서 희망을 만드는 것은 두 가지 축이다. 수업하는 교실에서의 희망과 이를 지원해 주고 도와 주는 교육행정이 바로 그것이다.

이를 위해 깨끗하고 공정하고 도덕적인 교육행정의 구현이 요구되고 있다. 각종 뇌물과 비리로부터 자유로운 교육행정이 이뤄져야 시민들로부터 신뢰를 회복할 수 있다. 청렴이 구호로 그쳐서는 안되며 변화와 혁신, 소통과 통합의 가치가 실현돼야 한다.

깨끗하고 신뢰받는 인천교육을 만들기 위해서는 먼저 교육행정의 주인을 시민, 학부모, 교사, 학생으로 바로 세워야 한다. 이는 참여와 자치의 교육행정을 구현하는 것이고, 민주적·시민적 통제가 이뤄지는 교육자치 행정을 만드는 지름길이다.

그러기 위해서는 우선 교육 살림살이를 시민들이 제대로 통제할 수 있도록 해야 한다. 인천시의회가 교육특별회계에 대해 예·결산 심의를 통해 통제와 견제를 하고 있지만, 교육청 스스로 시민들의 의견을 충분히 수렴해 반영하는 주민참여 예산제를 활성화할 필요가 있다. 주민참여 예산제는 지방자치단체 예산 편성 과정에서 주민이나 전문가가 참여해 지방교육 재정 운영의 투명성과 신뢰성을 확보하고 교육공동체 구성원의 다양한 의견을 수렴, 반영하는 제도이다. 민주행정, 투명행정, 자치행정을 실현하기 위한 최소한의 조건인 것이다. 이 제도는 교육예산 편성 과정에서 교직원, 학생, 학부모의 의견이 반영돼 재정 운영의 적절성, 합리성, 청렴성이 높아지는 효과가 있다.

인천시교육청은 주민참여 예산제 운영 조례를 제정해 시행하고 있지만, 실효성을 기대하기에는 미흡한 점이 너무 많다. 위원회가 제기하는 의견과 제안에 대해 교육감이 교육예산에 반영할 의무가 없는데다 예산 전반이 아니라 주요 사업에 대해서만 의견을 제출하도록 규정해 놓고 있어 한계가 있다. 위원회에 교육청 소속 공무원이 당연직으로 너무 많이 참여하고 있고 교원단체 등의 참여가 배제돼 있어 개선해야 할 문제점으로 지적된다.

이를 개선하기 위해서는 주요사업 예산에 대한 공청회, 간담회를 의무화해 위원회가 전달하지 못하는 시민들의 의견이 직접 전달될 수 있도록 해야 한다. 주민참여예산자문위원회의 활동 결과가 실제 예산정책에 어떻게 반영됐는지도 공개해야 한다.

개방형 감사관 임용을 통한 감사기능 강화와 함께 법적으로 가능한 범위 내에서 개방형 직제를 대폭 확대하는 방안을 검토해 볼 필요가 있다. 주민참여예산자문위원회 등 교육청의 각종 위원회에 시민들의 참여를 확대하는 방안도 요구된다. 인사위원회와 근무성적평정위원회도 공정성 확보를 위해 시민 감시가 이뤄질 수 있는 조치를 취해야 한다. 징계위원회에 주민참여배심원제를 도입하는 방안도 고려해 볼 만하다.

인천시교육청이 시민들을 위해 펼치는 각종 교육·문화행사는 참여와 협력의 정신을 살려야 한다. 행사의 기획부터 평가까지 시민이 주인이 되도록 해야 한다. 교육·문화행사시민평가위원회를 운영해 그 결과에 따라 행사의 존폐까지 결정하도록 해야 교육청의 실적 쌓기, 보여주기식 관행이 사라질 것이다.

또 학생, 학부모와 직접 소통하고 협력하려는 교육청의 자세가 요구된다. 학생, 학부모의 피부에 와 닿게 학교 현장을 지원하고 학생과 학교 현장을 최우선으로 생각하는 교육행정이 구현돼야 한다.

요즘은 학생과의 소통에 SNS가 필수적이다. 교육관료들에게도 시민과 온·오프라인에서 직접 소통하며 직접 민주주의를 실현해 가는 리더십이 요구되는 시대다. 시민과 교육감만 쓰고 읽을 수 있는 '직통 온라인 게시판'을 운영한다든지 시민과 교육감이 실시간

대화를 나눌 수 있는 SNS를 활성화해 서로 이웃처럼 격의 없는 소통이 이뤄져야 한다.

학생과 교사간 상담의 성공 여부는 상담자와 피상담자 사이에 형성된 인간관계의 질과 밀접한 관련이 있다. 상담자와 피상담자 사이에 상담 관계가 수립되기 위해서는 상호간 인간적인 신뢰감이 먼저 형성돼야 한다. 다시 말해서 상담자는 피상담자의 자기지도 능력을 믿어야 하며, 피상담자는 상담자의 전문적 능력과 인격에 대한 신뢰감과 존경심을 가지고 있어야 한다는 얘기다. 상담자와 피상담자 사이에 성립된 이러한 관계를 '래포'(rapport)라고 하는데 상담관계의 성립은 이러한 래포가 형성된 경우에 비로소 가능해진다. 교육감과 시민 사이에도 래포 형성이 필요하다. 교육감의 정기적인 지역 순회 간담회, 퇴근길 막걸리 토론 등 직접 시민과 얼굴을 맞대고 숨소리를 느끼며 소통하는 것도 빠져서는 안된다.

교육청이 각종 교육정책을 수립할 때 타당성에 대한 철저한 검증도 이뤄져야 한다. 시대의 흐름은 반영해야겠지만 조삼모사식으로 너무 쉽게 바뀌는 교육정책은 학생, 학부모들에게 고통과 피해만 안겨주기 때문이다. 대형 건물을 짓거나 개발사업을 벌일 때 환경영향평가를 하듯이 교육정책을 수립할 때에도 민주주의영향평가를 실시해야 한다. 중요한 교육정책은 느리고 효율성이 떨어지더라도 철저한 사전 검증과 다양한 이해 당사자들의 합의를 거친 뒤 추진돼야 올바르게 갈 수 있다. 민의로 선출된 교육감이라고 해도 매번 중간평가를 받는다는 생각으로 시민과 토론을 즐기는 교육감이 돼야 한다. 소수의 의견, 반대하는 사람들의 의견을 경청하는 교육감이야 말로 진정한 교육의 수장이 될 수 있다. 교육의 본

모습이 소통과 협력이기 때문이다.

요즘 장학사들이 학교 현장에 내려와 교육감이나 교육청의 시책을 강제하며 학교자치를 훼손하는 일이 종종 벌어지고 있다. 겉으로는 상담이나 의견을 제시하는 컨설팅이지만 분위기나 내용면에서 부정적 의미의 장학행위와 별반 차이가 없다. 진정한 현장 컨설팅이 되기 위해서는 학교가 필요해서 컨설팅을 요구하고 학교가 컨설팅 내용을 평가하도록 하는 것이 우선돼야 한다. 교육청이 원하는 정책을 반강제적으로 짜맞추기 하는 컨설팅은 폐지돼야 한다.

인천시교육청 산하에는 5개 지역교육청이 있다. 2010년 교육과학기술부가 지방교육자치법 시행령을 일부 개정해 단위 학교와 교육 수요자에 대한 현장 지원을 강화하도록 지역교육청의 기능과 업무 범위를 재편하면서 명칭이 지역교육지원청으로 변경됐다. 그러나 명칭만 바꿨을 뿐 본질은 달라진 것이 별로 없다. 명칭이 바뀐 뒤에도 여전히 지원보다는 지도하고 감독하는 역할에 그치고 있다. 학교가 원하면 프로그램이나 예산, 장비, 장소, 인력을 도와주는 지역교육청의 자세가 요구된다. 개별 학교에서는 자체 능력으로 해결할 수 없는 것들이 많이 있는데, 지역교육청이 규모의 효과를 충분히 발휘한다면 학교 교육이 훨씬 더 풍성해질 수 있을 것이다. 진정한 소통은 지도, 감독이 아니라 지원과 배려에서 나온다.

신자유주의 교육정책이 만연하면서 평가만능주의가 교육계를 온통 휘어잡고 있다. 학생들은 학업성취도 평가와 수능시험의 노예가 돼 버렸고, 교사는 성과급과 교원평가와 근평에 매달리고 있다. 학교와 지역교육청은 교육청 평가에서 좋은 점수를 따기 위해

혈안이 되었고, 교육청은 교육과학기술부의 평가지표에 모든 교육활동의 가치를 맞추고 있다. 그야말로 평가로 시작해서 평가로 끝나고 있는 셈이다. 겉으로는 교육자치와 학교자치·자율을 내세우지만 실상은 평가를 이용해 교육을 옥죄고 있는 것이다.

지역교육청과 학교에 자율평가제를 도입해야 한다. 그래야만 지역교육청은 교육청의 눈치를 보지 않고 학교와 지역주민의 민심을 알게 되며, 학교는 교육청의 눈치 보지 않고 스스로 평가하고 개선해 나가는 진정한 교육 주체가 될 수 있다. 이 제도는 이미 경기도교육청 등에서 실시해 교육주체들로부터 호응을 얻고 있다.

인천에서만 유일하게 실시하고 있는 교육청의 학교 평가지표에 의한 학교성과급 등급 매기기는 폐지돼야 한다. 교육청의 학교 평가지표로 인해 학교의 자율성만 훼손하고 있기 때문이다. '이주호 성과급'이라고 조롱을 받고 있는 학교성과급제도 조속히 없어져야 한다. 학교간 불필요한 경쟁을 유도할 뿐만 아니라 돈으로 학교교육과 교사들을 재단하는 가장 비교육적인 제도이기 때문이다. 교육부의 학교성과급 정책을 폐지하는 것이 당분간 힘들다면 차라리 어려운 학교를 도와주는 학교성과급 지표를 개발하는 것이 훨씬 더 유익하다.

시민감사관제는 시민 감사 활동의 참여 기회를 확대하고 교육계에서 벌어지는 위법·부당한 행위에 대한 신고창구를 다양화해 공직비리를 사전 차단한다는 뜻에서 인천시교육청이 도입해 2008년부터 운영하고 있다. 공개 행정을 통해 감사의 투명성을 제고하고 대민 신뢰도를 높이겠다는 것이 이 제도의 취지다. 그런 뜻에서 시민감사관은 교육감의 요청에 따라 감사과정에 참여해 부당한 행정

사항과 부패를 유발하는 제도와 관행을 고치도록 건의하고 공무원 비위나 부조리 행위에 대한 제보를 받는 역할을 수행하고 있다.

이 제도가 취지에 맞게 활성화하려면 시민감사관 권고사항에 대한 이행 실적 공개를 의무화하고, 일정 액수 이상의 공사에 대한 시민 감사를 의무화하는 방안을 마련할 필요가 있다. 또 시민감사관을 상시 운영할 수는 없는 만큼 개방형 감사관 인력을 확대하는 방안도 적극적으로 고려해야 한다.

인천시교육청에서 각종 비리, 부조리로 문제가 발생할 때마다 감사기능을 강화해야 한다는 목소리가 어김없이 나온다. 하지만 이 같은 목소리가 매번 공염불에 그치고 있고, 언제 그랬느냐는 듯 같은 일이 반복되고 있다. 이는 교육청이 시민 통제 하에 있지 않기 때문이다. 시민감사관제 활성화와 외부 개방형 감사관 임용으로 감사 기능을 강화하는 일은 비리와 부조리를 막는 첩경이 될 수 있다.

인천시교육청은 그동안 두 차례 개방형 감사를 임용했으나 교육청 소속 직원 중에서 선발하면서 제 식구로만 채웠다. 그러니 자체 감사의 실효성을 높이고 내부 통제를 내실화한다는 본래 취지가 퇴색될 수밖에 없었다. 오히려 감사 임용 심사기구에 교육청 전·현직 인사를 20% 이상 포진시켜 제 식구 감싸기란 비판만 들었다. 실현되지 않는 제도는 절차에 아무런 하자가 없더라도 결국 시민을 기만하는 꼴이 된다. 개방형 감사관뿐만 아니라 감사부서 인력 중 일부를 외부형 감사 전문가로 임용해야 제대로 된 감사기능이 작동할 수 있다. 감사관에 대한 감시, 견제장치까지 마련해야 온전한 감사 체제가 갖춰진다. 교육감 권력과 상대적으로 독립된 감사여야 눈치 보지 않고 원칙대로 감사를 수행할 수 있다.

그러나 감사의 역기능으로 학교 현장교육을 과도하게 통제하거나 불필요한 업무를 폭증시킨다는 민원이 꾸준하게 제기돼 왔다. 학생교육에 전념해야 할 교사들을 감사 준비에 매달리게 하기 때문이다. 이러한 관행은 승진에 영향을 미칠 수도 있는 감사 지적, 징계 등을 막기 위해 관리자들에 의해 조장된 면이 강하고 교육청도 이를 방조해 왔다. 따라서 감사기능을 강화하더라도 이러한 관행을 없애는 노력을 동시에 기울일 필요가 있다. 상시 사이버 감사를 운영하면서 서류 감사보다 현장 실사의 비중을 높이는 방안을 고민해야 한다. 또 감사 지적 사항에 대한 철저한 공개와 이에 상응하는 조치 홍보 등 예방적 감사를 강화해 반복되는 행정력 낭비를 막아야 한다.

재정이나 복무에 대한 감사뿐만 아니라 교육청 주요 정책사업에 대한 정책감사제도 필요하다. 교육청이 벌이는 각종 정책에 대한 효율성과 타당성을 검증해 교육정책의 효과를 제고하고 교육력을 높이기 위해서이다. 이와 함께 교육감 공약 이행에 대한 검증과 평가를 시민의 손에 맡겨 신뢰도를 높여야 한다. 교육감 취임 때마다 주기적으로 피드백 없는 자화자찬식 평가만 남발하면 민심과 괴리된 행정만 반복할 수밖에 없게 된다. 교육·시민사회단체, 교직단체, 교원노동조합, 학교비정규직노동조합, 학부모단체, 학교관리자 협의회, 청소년단체 등으로 교육감 공약 이행 평가단을 구성한 뒤 2년 단위로 중간평가를 실시해 인천시민의 염원을 끝까지 책임지는 교육감상을 정립해야 한다.

일반 시민이나 학부모들은 잘 모르겠지만, 학교 현장에는 청렴

교육, 청렴서약, 청렴 자기진단 등 각종 청렴도 향상 정책이 염증을 일으킬 정도로 많다. 그런데도 거의 매년 인천시교육청의 청렴도가 하위권을 맴돌고 있다. 청렴도가 매년 하위권에 그치는 데에는 일선 교사들보다는 교육청의 정책적 문제나 고위 관료, 관리자에게 더 큰 원인이 있다. 물론 일선 교사들에게도 고쳐야 할 부분이 없다고 말할 수는 없다. 그러나 교육감부터 각종 비리로 여론에 오르내리는 상황에서 현장 교직원들의 자정 노력을 기대하는 것은 앞뒤가 맞지 않는다. 고위 공무원, 관리자부터 솔선수범하는 노력이 요구된다.

솜방망이 처분이라는 단골 표현이 더 이상 나오지 않도록 비위 발생시 영향력이 많은 고위 관료, 관리직부터 의무적으로 청렴 교육을 실시하고 '원 스트라이크 아웃제'를 예외 없이 적용하는 교육청의 확고한 자세가 요구된다. 고위공직자 청렴도 평가는 보다 철저하게 하고 공개도 확대해야 한다. 업무추진비 공개 확대, 법인카드 모니터링제 실시 등의 제도적 장치를 강화해야 할 것이다.

최근 문제가 된 교육감의 강사료, 원고료 지급에 관해서 모든 시민들은 놀라고 있다. 이는 교육감이 교육감으로서의 당연한 직무를 수행하는 것이기 때문에 여기에 따로 보수를 받는다는 것이 이해되지 않는 까닭이다. 교육감은 인천 교육현장 내부 강의시 강사료와 원고료는 아예 받지 않아야 한다. 교육감 이하 교육청의 국장, 과장, 팀장 등의 교육청 산하 학교나 기관에서의 강연에 대한 보수도 당연히 없어져야 할 것이다.

학생을 위한 교육환경 개선에 쓰여야 할 시민들의 혈세가 시설, 공사에 대한 지도 감독이 잘못돼 엉뚱한 곳으로 새 나가는 일이 근절되지 않고 있다. 이러한 시설, 공사 관련 비리를 막기 위해 교육감 직속으로 인천교육시설 감리단 등 지도 감독기관을 둘 필요가 있다. 인천시교육청의 살림을 책임지는 행정관리국장이 관련된 비리가 나올 정도라면 교육감이 직접 관리하지 않으면 안되는 지경에 이른 것이다. 인천시교육청 시설공사 실명 및 비용 공개 조례가 제정돼 시행되고 있지만 시공 평가, 하자 검사 등 감리 관련 업무의 투명성과 효율성 제고를 위해 좀 더 강력한 대책이 필요하다.

부정부패 연루자에 대한 원 스트라이크 아웃제를 철저히 시행하고 내부 비리 고발자는 철저히 보호해야 인천교육계의 정의가 바로 선다. 지위 고하를 막론하고 불법 찬조금, 계약 비리, 회계 비리, 사학 비리 등 각종 비리행위 관련자에 대한 즉시 퇴출제를 실천해야 한다. 책임지지 않는 행정에 대해 시민들이 느끼는 불신의 무게를 무시해서는 안된다. 무엇보다 사람에게 충성하는 공무원이 아닌 주권자인 시민과 국민에게 충성하는 공무원 문화를 정착시키는 일을 가장 중요한 목표로 삼아야 할 것이다.

교육청은 교육 자치의 권리를 실현하고, 시민과 학생들만 보고 가야 한다. 투명하고 공정한 인사행정의 실현으로 공정하게 대우받는 교사와 직원들이 학생들을 평등하게 바라볼 수 있도록 유도해야 한다. 교육의 힘은 교사로부터 나온다. 교사가 모든 에너지를 학생들에게 퍼부을 수 있도록 여건을 만들어줘야 한다. 그러기 위해서는 교사들이 본질적인 행정 업무 외에는 수업에 전념할 수 있도록 여건을 만들어주고 평가지표를 단위학교 자율평가로 바꿔야 한다.

민주적, 시민적 통제를 받는 지방교육 자치행정 시스템을 만드는 일도 시급한 과제다. 권한을 분산시키되 책임을 명확히 하고 시민의 실질적, 주체적 참여와 견제를 보장해줘야 한다. 교육감부터 소통과 협력의 모범을 보여야 하고 가능한 시민과 직접 소통하며 피부에 와 닿는 교육 지원이 이뤄져야 한다. 학생과 학교현장으로 모든 사고의 중심이 이동해야 하는 것이다.

    이러한 것들이 이뤄질 때 비로소 인천교육은 시민들로부터 신뢰를 회복하게 되고, 학부모들이 자녀들을 믿고 맡길 수 있는 학교교육이 가능해질 것이다.

평화로운 학교, 안전한 학교를 말하다

평화로운 학교 만들기

요즘은 학교가 평화롭다고 느끼는 사람이 많지 않은 것이 현실이다. 인터넷에서 교육 관련 뉴스를 검색하다 보면 청소년 폭력, 성적 비관 자살, 학생·교사·학부모 갈등 소식 등이 빼곡하게 채워져 있어 마치 전쟁터를 방불케 한다. 이런 뉴스를 접하고 나면 '학교가 평화로운가'란 질문에 자신있게 '그렇다'고 대답하기가 쉽지 않다. 학교라는 공간이 원래 만들어진 취지대로라면 당연히 평화의 가치가 실현되는 곳이어야 하지만 그렇지 않은 것이 엄연한 현실이다.

평화로운 학교, 어떻게 만들어야 할까. 평화로운 학교 만들기는 정책과 제도의 변화가 무엇보다 중요하다. 물론 교육의 3주체라고 불리는 교사, 학생, 학부모의 변화 노력이 반드시 수반돼야 겠지만 정책과 제도의 변화 없이 사람들의 마음만 바꾸라고 하는 것은 무책임할뿐더러 소기의 성과를 얻기도 쉽지 않다.

우리가 추구해야 할 평화로운 학교는 어떤 모습일까. 폭력과 소외, 상처 주기가 없는 학교여야 하고 서로를 존중하고 배려하며 아이들이 건강하게 자기 발전을 도모할 수 있는 그런 곳이어야 한다.

평화로운 학교로 가는 길목에서 가장 큰 걸림돌은 학교 폭력 문제이다. 주요 사회적 이슈로까지 발전한 이 학교 폭력 문제를 해결하지 않고서는 학교의 평화를 찾기는 불가능한 일이다.

그렇다면 학교 폭력이 없는 평화로운 학교는 어떻게 만들어 가야 하나. 학교 교육이 정상화돼야 우리 학생들이 평화로운 학교에서 제대로 성장할 수 있다. 학교 폭력의 온상이 돼버린 학교 구조와 교육 구조를 내버려 둔 채 학교폭력 근절 종합대책과 같은 대증요법식 대책을 아무리 내놓는다 한들 학교 폭력이 근절되기는 요원하다. 교육을 바꾸고 학교를 새롭게 바꿔야만 학생들이 평화로운 환경에서 제대로 성장할 수 있는 것이다.

하지만 정부의 학교폭력 근절대책은 대부분 학생교육에 대한 이해와 교육적 관점이 결여된 상태에서 수립되면서 학교에 대한 불신만 키우는 부정적 결과를 초래하는 경우가 많았다. 학교 폭력은 학교 안에서 상호 인권을 존중하고, 민주주의를 배우고 실천하는 교육이 이뤄져야 진정으로 예방할 수 있다는 믿음을 갖고 대책을 마련하고 추진해야 근절될 수 있다. 학생들이 행복하게 성장하도록 돕는 것에 교육적 대책의 중심을 두는 것은 당연한 일이다.

학교 폭력은 대략적으로 '성적 경쟁-스트레스'와 '긴장-자아존중감의 손상' → '인정받으려는 욕구' → '지배하려는 욕구' → '타인에 대한 감수성의 부족' → '주변 친구들의 동조와 방관' → '학교폭력의 지속과 강화' 등의 원인과 과정을 거쳐 일어난다.

학교 안과 밖에서 학생들을 극단적인 경쟁으로 몰아가는 사회가 학교 폭력 발생의 근원이라 할 수 있다. 경쟁 상황의 지속은 학생들에게 심한 스트레스를 안겨주고 긴장된 심리 상태로 몰아가 공격적으로 변하게 만든다. 모든 인간은 보편적으로 사회에서 인정받고 싶어 하는 내적 욕구를 갖고 있는데, 경쟁을 부추키다 보면 극심한 스트레스에 시달리는 것은 자명한 이치다.

특히 청소년 시기에는 이 부분이 강한 자존감으로 드러나는 경향을 보이기 때문에 자존감을 확인하고 느끼는 수단이 공부를 잘하는 방법밖에 다른 대안이 없는데서 문제가 발생한다. 모든 학생을 성적이라는 획일적인 기준으로 줄을 세우고 평가해 버리는 것이 그 자체로 폭력이 될 수 있다. 의도하지 않았다 하더라도 어른들은 보이지 않는 학생 폭력의 방조자인 셈이다. 성장기 청소년들에게는 자신의 재능을 펼칠 수 있도록 풍부한 기회를 제공해 사회로부터 인정을 받을 수 있게 하는 것이 폭력 예방의 가장 빠른 지름길이 된다.

우리 사회가 지나치게 물질만능주의로 흐르는 것도 학교 폭력의 주 원인으로 꼽힌다. 학교 폭력의 중요한 동기 가운데 하나가 경제적인 욕구에 의한 것이다. 학교 폭력에 물든 학생들은 남의 물건을 강제적으로 가로채거나 지속적으로 돈을 요구하고 갈취하는 경우가 많다. 성적 경쟁에서 밀린 학생들은 대부분 다른 경쟁에서 이기려는 심리에서 다른 학생들을 대상으로 폭력을 행사한다. 학교 폭력의 가해 학생 가운데 소위 '일진'이라고 불리는 학생들이 특정 브랜드, 특정 색깔의 옷을 자신들만 입을 수 있게 룰을 만들고, 유명 브랜드 옷을 마련하기 위해 금품을 빼앗는 행위 속에는 이런 심리가 깊이 박혀 있다. 교육 경쟁을 통해 물질적 보상과 사회적 지위를 획득하려는 사회적 욕구 이면에는 이런 폭력의 요소가 자리 잡고 있는 것이다.

따라서 학교 폭력 문제를 해결하기 위해서는 학교 본래의 교육적 역할을 회복하는 것이 매우 중요하다. 폭력으로 고통 받고 있는 학생들의 삶을 깊게 들여다보고 학생의 시각에서 문제를 바라봐야 보다 근본적인 해결 방안이 나올 수 있다. 교육 밖에서 혹은 학생들의 마음 밖에서 해결책을 찾거나 압력을 행사하는 방식은 절대로 대책이 될 수가 없고 그 효과도 한계가 명확하다.

학교 폭력에 대해 처벌을 중심으로 해결하는 것은 근본적인 해결책이 되지 않는다. 예방적 차원에서 접근하는 것이 필요한데, 예방 정책에는 몇 가지 인식의 전환이 요구된다.

첫째 폭력 발생 원인에 대해 구조적으로 접근해 근본 원인을 공유하고 교육환경을 대폭 개선해 예방과 치유 중심으로 대책을 세워야 한다.

둘째 사회문화와 학교문화를 인권을 존중하고 배려하는 문화로 바꿔야 한다. 교사 등 학교 구성원들은 통제와 처벌 중심의 생활지도에서 벗어나 학생을 이해하고 교육적으로 소통하는 능력을 키울 필요가 있다.

셋째 일제고사 등 지나친 경쟁과 입시 중심의 교육정책을 협력과 배움 중심으로 개선하고 국, 영, 수 중심의 지식 교육에서 창의성 교육과 문화·예술·체육 능력을 높이는 교육으로 전환하는 일도 예방책이 될 수 있다.

넷째 폭력 예방 대책은 치유와 회복, 성장을 위한 것이어야 한다. 학교 폭력에서 피해를 당한 학생을 보호하는 것은 무엇보다 중요한 일일 것이다. 치유와 지원을 위한 원스톱(one-stop)지원센터를 설립하는 것은 좋은 대책이 될 수 있다. 피해자와 함께 가해자에 대한 유형별 지도와 교육 대책도 병행할 필요가 있다. 가해 학생도 법원통고제도, 교육청 숙려제도, 위탁육 등의 학교복귀 프로그램을 통해 돌봄과 치유 과정을 거쳐 바르게 성장하도록 도와야 한다. 가해자에 대한 대책은 또 다른 폭력을 막기 위해서라도 반드시 필요하다.

다섯째 가족 형태의 다양화 추세에 따라 소외당한 학생들의 돌봄과 치유를 위해 지역공동체가 적극적으로 나서는 자세도 요구되고 있다. 교사와 부모 등 기성세대들이 청소년 문화 및 돌봄시설에 관심을 갖고 학교밖의 교육, 문화 인프라를 확충하려는 노력을 기울일때 학교 폭력은 크게 완화될 수 있다.

학교 폭력을 없애기 위해서는 여러 대책이 필요하다. 우선은 학교폭력 근절을 위한 현장 교사들의 변화 노력이 있어야 한다. 학교 현장교사들이 먼저 통제와 처벌 위주의 생활지도 폐기, 참여와 인권 친화적 생활지도 실천, 생활지도에 대한 전문 역량 강화, 폭력 없는 학교 만들기 등을 실천하겠다는 의지를 보여야 한다. 이같은 공감대가 교육계 전체로 확산되면 학교 폭력은 확실히 줄어들게 된다.

또 학교 안에서 인권 교육을 강화하는 것도 필수적이다. 평화로운 학급규정 만들기, 인권 관련 수업 의무 실시, 학생인권에 기반한 학교 생활규정 개정, 학생·교사·학부모 생활협약 운동 등을 통해 인권의 중요성을 체험하도록 해줘야 한다.

아울러 폭력 근절을 위해서는 지역사회의 역할도 매우 중요하다. 지역사회가 나서서 교사, 학생들과 함께 학교 폭력의 심각성을 공유하고 대책을 함께 찾아가려는 자세가 필요하다. 이를 위해 지역교육청과 지역 사회단체는 치유, 돌봄을 위한 시설과 프로그램을 확대하고 청소년 문화공간을 늘리는데 서로 협력할 필요가 있다. 교육공동체를 복원하기 위한 활동도 요구된다.

인권이 살아 있는 평화로운 학교를 만들기 위한 제도적 장치와 환경을 마련하는 것도 좋은 대책이 된다. 이를 위해 학생인권법 등 인권 보장을 위한 입법이 먼저 이뤄져야 한다. 학급당 학생수 감축, 교원 법정정원 확보 등을 통해 교원업무를 줄여 교사가 학생들을 가르치고 돌볼 수 있는 시간과 여건도 만들어 주는 일도 중요하다. 민주적인 학교 문화를 위해 학생회, 교직원회, 학부모회의 권한을 법적으로 명확히 하고 어떻게 조화를 이룰 것인가도 고민해야 한다.

이밖에 폭력 문제에 대해 지속적인 관심을 갖고 작은 실천을 꾸준히 진행하려는 노력이 필요하다. 학생의 발달 과정과 문화를 이해하고 존중하려는 교사의 전문성 확보 노력과 자세도 요구된다. 학교 운영위원회에 학생 대표를 참여시키고 학교 운영에 학생들의 의견을 적극 반영하며 학생 생활규정을 인권친화적인 방향으로 개정하는 것도 유익한 방안이 될 수 있다.

학교 폭력이 없는 평화로운 학교를 만들기 위해서는 교육계 전체의 변화 노력이 반드시 필요하다. 변화의 방향은 경쟁을 완화하고 협력을 강화하며 교육을 본연의 모습으로 회복하는데 중점을 둬야 한다. 한 명의 아이를 키우기 위해 마을 전체의 노력이 필요하듯이 교육을 바로 잡기 위해서는 사회 전체가 발 벗고 나서지 않으면 안된다. 정부 관료 몇 명이 모여 만든 탁상 행정식 대책으로는 학교 폭력을 근절하기가 요원할 수 밖에 없다.

건강하고 안전한 학교 만들기

요즈음은 학교를 안전지대라고 보기가 어려운 게 현실이다. 학생들의 안전을 위협하는 강력사건들이 학교내에서 심심치 않게 등장하고 있다. 지난 2012년 9월 서울에 있는 한 초등학교에서 흉기를 든 10대 괴한이 침입해 초등학생 6명을 다치게 하는 사건이 발생했다. 2011년에는 서울 길음동 한 초등학교와 이태원의 한 초등학교에 괴한이 침입해 학생들을 성추행하고 달아나는 사건이 발생하기도 했다.

정부가 2010년 발생한 김수철 사건을 계기로 24시간 학교 안전망 대책을 내놨지만 범죄 예방 효과에 대해서는 아직 단정지어 말하기가 어려운 상황이다. 교육과학기술부가 범죄로부터 학생들 보호하기 위해 학교내 경비실 설치, 출입자동장치시스템 설치, 청원경찰 배치 등 요란한 대책을 내놨지만 교내 범죄 발생은 좀처럼 줄어 들지 않고 있기 때문이다. 특히 쉽게 드러나지 않고 그 폐해가 심각한 아동 성폭력은 근절이 쉽지 않아 처벌 규정 강화와 함께 사회적인 관심이 요구된다.

학교 안팎의 어린이, 청소년 대상 범죄를 예방하기 위해서는 안전 관리와 범죄 예방을 담당하는 배움터지킴이, 학교 보안관 등 경비인력의 인적 네트워크를 체계화하고 효율화하는 것이 가장 중요하다. 인천도 교내 범죄 예방을 위해 2013년도에 배움터지킴이, 민간경비원, 청원경찰 등의 학생보호 인력을 전 학교에 배치했다. 연수구의 경우 초등학교 CCTV 통합관제센터를 설치하기도 했다. 또 학부모에게 자녀의 등하교 상황을 알려주는 안심알리미 서비스를 모든 초등학교에서 실시하고 있고 등·하교 보행 안전도우미(워킹 스쿨버스) 제도도 도입돼 50개교에서 시행하고 있다.

하지만 청원경찰이나 배움터 지킴이 등 경비인력에 대한 관리가 체계적으로 통일되지 않아 개선이 요구된다. 특히 경비 인력들은 하는 일이 비슷한데도 급여 등 대우에 차이가 있어 이에 대한 정리가 필요하다. 경비인력의 자격 요건을 강화하고 이들의 역할도 좀 더 명확하게 규정할 필요가 있다.

학교 현장에서는 경비실 설치에 소요되는 예산 확보나 안전 관리, 경비 인력의 전문성 확보 등에 어려움을 겪고 있어 이 역시 개선해야 할 사항이다. 학교가 범죄로부터 더 안전해지려면 범죄 예방을 위한 환경설계(CPTED · Crime Prevention Through Environmental Design)를 연구해 우선 신설학교부터라도 적용해보는 것이 바람직하다.

건강하고 안전한 학교를 만들기 위해서는 구비하고 점검하고 개선해야 할 요소들이 많다. 돌발적으로 발생하는 범죄와 인적 위험에 적극 대비해야 하겠지만 학교의 시설물들이 안고 있는 위험 요소를 제거해 학생과 교사를 지켜주는 일도 중요한 과제 중 하나다. 이런 시설물 위험 요소들은 일상적으로 존재하고 있어 더 큰 문제라고 할 수 있다.

전교조 인천지부는 지난 2005년 인천대 노동과학연구소, 원진

노동환경건강연구소에 의뢰해 전국 처음으로 교실 환경과 교사의 근무 환경에 대한 조사를 벌이고 공청회를 열어 공론화시킨 적이 있다.

그러나 이 조사 이후 인천의 교육 환경이 학생들의 안전과 건강에 어떤 영향을 미치고 있는지에 대한 체계적인 연구 보고서는 아직까지 나오지 않고 있다. 교육청이 지난 2009년 인천지역의 전체 유치원·초·중·고교·특수학교를 대상으로 석면 실태조사를 벌여 모두 양호하다는 결론을 내린 것이 전부다. 하지만 2년 후인 2011년 영선초등학교 운동장의 멀리뛰기장에서 석면이 검출되면서 학교 시설이 결코 학생들의 건강 안전지대가 아님이 드러났다.

특히 문제로 지적될 수 있는 것은 유해환경 조사가 3등급 판정을 받은 경우처럼 아주 조금 훼손이 됐더라도 어느 정도 양의 석면가루가 섞여 있는지, 또 조사는 정확히 한 것인지 알기 어렵다는 점이다. 인천시교육청은 지난 2012년에 1억6천여만원을 투입해 시내 모든 학교의 실내 공기질 검사를 벌인 뒤 부적합 학교가 한 군데도 없다고 발표한 바 있다. 게다가 대책이란 것도 부실하기 짝이 없어 실내 공기질이 부적하다는 판정이 날 경우 고작 창문을 열어 환기시키는 방법이 고작이다. 이럴 바에야 굳이 2억원 가까운 혈세를 들여 공기질 검사를 할 필요가 있었느냐는 지적이 제기됐다.

2000년 이후 유행처럼 번졌던 학교내 인조잔디도 유해 논란이 일면서 현재는 애물단지로 전락하고 있다. 인조잔디는 유해 논란이 불식되고 안전 대책이 수립되기 전까지는 새로 조성하는 것을 멈춰야 한다. 보여주기식 행정, 실적 쌓기 행정으로 학생들의 건강과 안전이 위협받는 일은 더 이상 없어야 할 것이다.

학교가 학생과 교사들의 안전지대가 되려면 우선은 학생들을 외부의 불안전 요소로부터 차단하려는 노력이 선행돼야 한다. 1999년 학교 운동장을 지역 주민들의 운동 공간으로 개방하면서 학교와 지역 주민과의 유대는 많이 강화됐지만, 학교 출입문이 무방비 상태로 열려 있다는 문제점을 안고 있다. 외부 사람이 상시 출입하는 문제를 해결하기 위해 학교내 경비 인력을 더 확충할 필요가 있다.

외부 사람이 학교 건물내로 무단 출입을 하는 것을 방지하기 위해 설치된 출입문 개폐장치도 여전히 문제점을 안고 있다. 등하교 시간대에 학생들이 집중적으로 몰리거나 재난 등으로 안전사고가 일어났을 경우 신속한 대처를 어렵게 하기 때문이다. 출입문 개폐장치를 학교 건물 출입구가 아닌 학교 정문에 설치하거나 등하교 시간에는 운영하지 않고 이외 시간에만 활용하는 방안을 검토해볼 필요가 있다. 교내 범죄를 예방하기 위해 설치한 폐쇄회로 TV도 상시 모니터링 인력이 없어 무용지물화한 경우가 많다. 폐쇄회로 TV 통합관제센터 같은 상시 모니터링 시스템 구축이 요구된다. 인천에서는 연수구를 시작으로 남동구와 중구 등이 구청과 교육청의 대응 투자 방식으로 초등학교 CCTV 통합관제센터를 운영할 계획인데, 아직 걸음마 단계다.

인천시교육청은 지난 2005년도에 인천의 교실 환경과 교사의 근무 환경에 대한 조사를 벌인 적이 있다. 당시 결과를 보면 모든 조사 대상 학교에서 백석면과 포름알데히드가 검출됐고, 60여종의 휘발성 유기화합물이 발견됐다. 백석면은 석면의 한 종류로 유해성이 검증돼 유럽연합에서는 1999년부터 사용금지 결정을 내린 물질이다. 석면은 어떤 유형이든 폐암과 같은 치명적인 질병을 유발하는 것으로 알려져 있다. 또한 포름알데히드는 새집 증후군을 일으키는 대표적 물질로서 이미 유해성이 널리 알려져 있다. 모든 학교에서 백석면과 포름알데히드가 검출된 것은 그만큼 인천지역의 학교환경이 유해물질로부터 안전하지 못하다는 것을 반증한다. 하지만 수 년이 흐른 지금도 유해물질에 대한 환경 개선작업이 이뤄지지 않아 여전히 학교가 유해물질의 위험으로부터 벗어나지 못한 것이 현실이다.

학교 급식도 학생들의 건강을 위해 개선해야 할 사항을 많이 안고 있다. 학교 급식은 급식 대란으로 불리는 식중독 사고가 빈번했던 2006년부터 급식 운영방식의 개선, 식재료·급식 위생의 안전 관리와 관련한 토론회와 공청회가 여러 차례 열렸지만 급식 현장에서는 개선된 것이 별로 없다.

많은 초등학교에서 식당이 설치되지 않거나 식당 규모가 작아 교실 배식이 이뤄지고 있는 점도 안타까운 현실이다. 학교 급식을 위한 식당의 설치 규모 기준이 전체 학생의 1/3 정도인데, 이 기준을 맞추지 못해 식당 수용인원에 맞게끔 시간대를 달리해 점심시간을 운영하는 학교들이 많다. 학교 급식에서 시급히 개선해야 할 문제점 가운데 하나다.

일본 후쿠시마 원전사고 이후 방사능 유출로 인해 식재료의 방사능 오염 여부도 국민들의 불안 요인으로 작용하고 있다. 우려스러운 것은 선택권이 제대로 보장되지 않는 학교급식과 같은 집단급식의 경우 방사능에 오염된 식재료를 집단적으로 섭취할 위험성에 노출될 수 있다는 것이다. 아직까지 방사능 오염 식재료에 대한 관리 체계가 허술한데다 100베크렐에 이르는 국가 기준치로는 국민의 불안감을 해소하기 어려운 만큼 세심한 식재료 선택과 관리가 요망된다.

　인천시의회가 이러한 국민적 우려와 불안을 감안해 '학교급식 방사능 등 유해물질 식재료 사용 제한에 관한 조례'를 최근 제정했다. 이 조례는 학교급식에 사용되는 식재료에 대한 방사능 오염 대책을 수립하고 제도적으로 규제하기 위해 마련됐다. 방사능 오염 식재료로부터 안전한 학교 급식을 확보하기 위해서는 지속적인 관심을 통해 경각심을 높이는 것이 요구된다. 지자체의 조례만으로는 재원과 대책 마련에 한계가 있는 만큼 정부도 관련 법규를 제정해야 실효성을 높일 수 있다.

　건강과 교육은 서로 밀접하게 연결돼 있어 학생들의 건강 위기는 학교 생활의 성패는 물론 생명의 위기로까지 이어질 수가 있다. 따라서 학생들의 건강 보호와 안전한 교육 환경 조성은 아무리 강조해도 지나치지 않는다. 아동·청소년기는 신체 활동량이 많은 시기인 반면, 상황 판단력과 주의력이 부족한 생애 발달 특성을 갖고 있어 학교 활동 중 크고 작은 안전사고에 직면할 가능성이 상당히 높다. 또한 학교에서의 응급 상황은 매우 다양하고 복합적으로 나타날 수 있어 충분한 조치가 이뤄지지 못하면 교육과정 운영에 어려움을 겪는 이차적인 문제로까지 발전할 수가 있다.

　각 학교는 교육활동 중 발생할 수 있는 응급 상황에 대비해 적절한 조치를 취할 수 있도록 담당교사를 배치하고 필요한 시설이나 설비를 갖춰야 한다. 또한 노후화되고 비위생적이며 위험한 학교 시설을 개보수해 학생들이 안전하고 쾌적한 환경에서 공부하고 활동할 수 있도록 여건을 개선해줘야 한다. 지자체와 협의해 노후 화장실 개선, 노후 책걸상 교체, 위험시설 개선, 창호 안전시설 설치, 노후 급식시설 개·보수, 석면 건축물 실태조사, 초등 돌봄교실 확충, 자기주도 학습실 조성 등의 사업을 순차적으로 벌여 나가게 되면 학교 안전사고는 상당히 줄어들 것이다. '안전한 학교 환경 조성을 위한 교육지원 조례' 등을 제정하는 것도 건강하고 안전한 학교 만들기 차원에서 고려해 볼 수 있다.

제3부

가르치며 생각하며

시국 법회

　시국법회에 가려고 몇 사람한테 의사를 물었더니 모두 7월 5일 열리는 시국대회에 갈 것이라고 해 같이 갈 사람이 없다. 전날 먹은 술 기운이 가시지 않은 채 분회모임에 가서 추어탕을 먹으니 속이 약간 진정됐다. 거북한 속을 달래고 퇴근하여 집에서 쉬다가 4시 15분경 일어나 서울갈 채비를 했다. 혼자서 집회에 가기는 처음인 것 같다. 혼자서 술을 먹은 건 과거에 여러 번 있었지만 혼자서 여행을 간 건 작년 2월 초 지부장 임기를 마치고 처음이다. 지난 겨울 여행에서 만난 70대 노인이 이별 연습한다며 혼자 여행을 처음으로 나왔다고 말했을 때 마음이 짠했었는데. 어쨌든 나를 홀로 서울로 이끈 힘은 무엇일까? 만수동에서 1600번 버스에 몸을 싣고 충정로에 내려 서울시청에 도착하니 6시다. 조계사에서 행진해온다던 대열은 아직 도착하지 않았다. 프레스센터쪽에 서 있으니 이내 행렬의 선두에 서게 됐다. 촛불 소녀가 행렬의 맨 앞에 섰고 장삼과 가사를 입은 스님들이 뒤 따르고 신도들의 행렬이 죽 이어졌다. 나는 이렇게 많은 스님들이 한 자리에 모인 것은 처음 봤다. 1000명이 훨씬 넘어 보인다. 스님들이 연단 앞쪽에 깔아 놓은 자리에 좌정한 모습이 장관이다. 이걸 야단 법석이라 한단다. 법회는 질서 있고 차분하게, 그러나 단호한 내용으로 진행됐다. '국민의 뜻이 부처의 뜻'이라고 쓴 플래카드가 눈에 들어왔다. 수경 스님은 "중생을 떠나서 깨달음을 추구한다는 것은 소리를 없애고 메아리를 구하려는 것"과 같기 때문에 행동하게 되었다며 시국법회를 열게 된 배경을 설명했다. 이어 청화 스님은 시국법어에서 외눈박이론을 통해 대통령을 강하게 비난하고 "한 눈으로 보면 촛불만 보이지만 두 눈으로 보면 촛불 속의 영혼까지 보인다"고 설파했다. 사제단 전종훈 신부의 연대사와 유치원생들의 노래, 결의문 낭독 등이 이어지고 장엄한 108배 의식이 진행됐다. 그리고 연등과 촛불을 든 5만여 인파의 거리 행진이 진행됐다. 오늘 5만여 거리 행진 인파가 보여준 촛불 행진은 이 땅의 민주주의 수레를 조금씩 밀고 나가는 가장 큰 동력이란 생각이 들었다.

(2008월 7월 5일)

자살을 부르는 사회

시험 문제를 다 냈다. 컴퓨터를 다루는 기술이 부족해 편집을 깔끔하게 하지 못해 찜찜하기는 하지만. 20문항을 내는데 온전히 연휴 3일을 보냈다. 마침 병준이가 국군의 날 행사에 참가했다가 특별휴가를 나와서, 계획한 여행을 취소하는 바람에 시간을 벌었다. 시험문제 스트레스가 이만저만이 아니다. 지난 며칠간 탤런트 최진실의 자살 소식으로 사회가 온통 뒤숭숭하다. 결국 악플러들에게 화살이 돌아가고 한나라당은 소위 '최진실법'이라는 '사이버 모욕 방지법' 제정을 추진하고, 야당은 표현의 자유 통제라고 반발한다. 근거 없는 악성 루머의 희생은 부당하다. 소통의 부재와 해명의 한계 등에서 나타나는 구조적 문제가 있겠지만, 더 큰 본질은 지나친 경쟁, 일등주의와 성과주의, 그리고 경쟁으로 인한 질시, 이런 것일 게다. 그로 인해 승자 독식의 구조가 강화되면서 자기 자존감 결여로 인한 자살도 증가하고 있다. 하지만 일년에 13,000명이나 스스로 목숨을 버리는 사회는 미친 사회 아닌가.

(2008년 10월 5일)

김익선 선생님

 토요일은 인천지부 체육대회에 참석해서 오랜만에 반가운 얼굴들도 보고 족구경기도 3경기나 뛰었다. 사람들의 참여가 점점 더 어려워진다. 김익선 선생님이 어려운 걸음을 했다. 지난번 서울대병원에 입원했을 때만해도 이제 어렵지 않겠냐고 비관하던 것을 털고 다시 우리들 앞에 섰다. 얼굴이 바싹 마른 모습이기는 하나 정신은 정말 쌩쌩하게 살아 있다. 통처럼 부풀었던 몸도 이제는 제대로 돌아왔다. 그는 미소 띤 사모님과 함께 걸어서 왔다. 대체 인간의 의지는 어디까지 일까를 생각하게 하는 선생님이다.
 형형한 눈빛으로 98년 사무실에 찾아와 인천으로 전입했음을 알린 몇 안 되는 조합원. 대부분 연고지를 옮기면 잠수를 타는 것이 일반적인데, 그는 사무실을 찾았다. 그때만 해도 전체 조합원이 300명도 채 안되던 시절이었다. 조합원 명단 공개 투쟁으로 다시 정국이 얼어 붙은 때였다. 그러나 그는 '무대뽀 정신'으로 조합원 가입을 위해 분발하자고 했던 내 말을 항상 기억해 내곤 했다. 그는 그렇게 조합원 가입운동에 나섰고, 그의 노력으로 검단중학교에서 30명 가까운 선생님들이 조합원에 가입하기도 했다. 북인천중학교에 가서도 운영위원으로 교육 발전을 위한 사업을 관철시키기 위해 노력했고, 어려움 속에서도 항상 희망의 끈을 놓지 않았다. 췌장암의 무서운 공포도 그의 따뜻함과 열정을 잡지는 못했다.

(2008년 10월 13일)

고고70

　퇴근하고 아내랑 같이 영화 '고고70'을 봤다. '데블스'라는 68년에 형성된 보컬이 12년간 음반 4장을 내며 엄혹한 유신시절에 고고 열풍을 몰고 온 로큰롤 1세대를 다룬 영화다. 어줍잖게 대학시절 보컬그룹을 만들었던 추억이 생생하게 살아난다. 1980년 중앙대학교 2학년 한창 독재 정권에 대한 학생, 시민들의 저항이 일어났던 시절에 친구들이 그룹을 만든다며 베이스 기타를 맡아 달라는 요청이 왔다. 기타 살 돈도 없고 음악성도 없어서 안 된다고 했는데, 기타 사 줄테니 같이 하자고 설득해 결국 그룹 멤버가 됐다. 매일 흑석동 친구 자취집에서 만난 뒤 연습실에 모여 연습에 매달리곤 했다. 이때 데모하는 중대생들이 파출소 앞에 깔려 있는 사복 경찰들에게 매 맞고 짓밟히는 모습을 생생하게 목격했다. 마음이 너무 아프고 속상했다. 학생들을 사정없이 패대는 경찰들의 모습에 진저리를 쳤다. 참으로 미안한 마음이 들었다. 가끔 많은 학생들이 모이는 시위에는 참가해보기도 했지만 대부분은 빠져 나와 연습에 몰두했다. 단과대 신입생 환영회 때 공연도 했었다. 공연을 위해서는 아침 8시부터 밤 12시까지 온 종일 걸린다. 낙원상가에서 공연장비를 빌려 장치하고 리허설하고 공연하고 다시 장비 걷고 갖다 주기까지 모두 우리 손으로 해야 한다. 예술하는 사람들의 보이지 않는 노력과 고된 일을 깨닫게 된 시절이다. 결국 보컬그룹은 동양방송 젊은이 가요제 2차 예선에서 탈락하고 출연료를 조금 받아 뒤풀이를 한 후 해산됐다. 당시 동양방송은 군인들이 계단에서부터 무장한 채 점거했던 터라, 도열한 군인들 사이로 기타 메고 오르던 기억이 또렷하게 남아 있다. 내가 보지 못했던 유신정권의 폭압은 참으로 개 같은 것이었구나를 느끼게 했다. 다시는 돌아가고 싶지 않은 사회. 요즘 거꾸로 역사를 돌리려는 움직임이 이는 것 같아 섬뜩하다.

(2008년 10월 21일)

간송미술관

정현기 선생님과 함께 간송미술관을 갔다. 가을비가 가늘게 내렸다. 오후 3시경 간송미술관 앞에 도착하니 미술관 입구에서부터 큰 도로까지 사람들이 길게 줄을 서 있다. 순간 관람을 해야 하나, 말아야 하나 망설여졌다. 언제 다시 올 수 있을지 알 수 없어 보기로 하고 일단 줄을 섰다. 문득 그림 보려고 길게 줄을 서는 이 모습이 문화 강국으로 가는 모습인지, '바람의 화원' 탓인지 모르겠다는 생각이 들었다. 평일 낮인데도 사람이 많다.

간송은 전형필의 호이고 증조부 때부터 일대의 상권을 장악한 10만석 부호가의 상속권자로, 휘문고보를 거쳐 일본 와세다대학 법과를 졸업했다. 대학 졸업 직후인 25세(1930년)때부터 고증학자 오세창과 교류하며 오로지 민족문화재 수집 보호에 심혈을 기울이는 한편, 한남서림을 후원 운영하면서 고서적 등 문화재가 일본으로 넘어가는 것을 막았다. 문화재 수집을 본격화 하면서 1934년에 북단장(北壇莊)을 개설하고 1938년 일제의 강력한 물자 통제령에도 불구하고 우리나라 최초의 사립 박물관이라 할 수 있는 보화각을 세워 문화재의 정수를 방대하게 수장하고 이를 연구 복원할 수 있는 초석을 마련했다. 우리 전통문화를 계승할 인재 양성을 위해 1940년에 동성학원을 설립하고 보성중학교(종전 보성고보)를 인수하여 육영사업에 착수하였으며, 1960년 고고미술동인회의 결성과 동인지 '고고미술' 발간에 온갖 정성을 기울였다. 광복 후에는 잠시 보성중학교 교장직을 역임했고, 문화재 보존위원으로 위촉됐으며, 서훈으로는 문화포장(1962년)과 문화훈장 국민장(1964년)이 추서됐다.

    50분을 기다려 보화관에 입장했다. 홀 안이 인파로 가득하다. 사람들이 작품 가까이 붙어 있어서 큰 그림일지라도 가까이에서 봐야하는 난점이 있다. 군데 군데 사람이 뜸한 곳을 찾아 관람을 시작했다. 내심 정선의 한강변을 그린 화폭을 보고 싶었는데 없어서 아쉬웠다. 작품들은 도록으로만 보다가 진품을 만나니 확실히 느낌이 달랐다. 세필의 흔적과 색감이 달랐다. 아 이런 맛에 진품을 보러 오는구나. 신윤복의 미인도와 주유청강 등 여섯 작품 앞에서 사람들이 오래도록 머물렀다. 틀림 없이 바람의 화원 탓이리라. 40여분을 구경하고 보화각을 나왔다. 보화각 건립 70주년기념 전시회가 이제 26일이면 2주간으로 끝난다. 다음에 다시 가야겠다.

(2008년 10월 23일)

김형선 선생님

　인천시청 앞에서 오전 7시 반에 동료들을 만나 함께 전남 장성으로 출발했다. 차창 밖으로 보이는 단풍은 아련히 기억 속으로 빠져들게 했다.
　벌써 2년이 흘렀다. 1996년 음력 10월 9일. 청천 벽력 같은 사고 소식에 망연자실했던 그날. 그날 낮에 그와 전화통화를 했다. "샘 큰일 났어요. 분회가 잘 돼야 하는데 잘 모이지 않아요. 오늘 분회원 두 명하고 술 한잔 하기로 했어요"라고 했는데… 그는 대학 때 만난 임정근 선생님과 인연의 끈을 부여잡고 결혼해서 두 아이를 낳았다. 그는 영화 찍는 남동생과 막내 동생까지 뒷바라지했고 수시로 병원에 드나드는 연로하신 부모님을 병수발했다. 거기에다 학교에서 교사일 하랴, 전교조 일하랴, 그야말로 몇 사람 몫을 연약한 몸으로 혼자 감당하면서 사는 것이 놀라웠다.
　1996년 말 부평삼거리 사무실에 나타나 97년 초 조합원 명단 공개에 참여하며 김형선 선생님은 누구보다도 열성적인 교사였다. 지금의 전자공고인 항도고에서 근무한 지 7년 만에 조합원에 가입했다. 교육 현장에서 현실적인 부분과 마주하며 생활하다 조합에 가입한 김형선 선생님은 너무 감동적이었다. 소식지를 만들고, 인천교사신문 복간준비위원을 맡아 인천지부의 역사에 새로운 주춧돌을 쌓기 시작했다. 그의 노력으로 교사신문은 전교조가 합법화되던 1999년 9월 부활했다. 지회에서, 지부에서, 분회에서 어느 것

하나도 소홀하지 않았던 김형선 선생님. 생머리를 날리며 얼굴엔 항상 미소를 머금고 다녔다. 재봉공장에서 고통 받는 아이들의 모습이 생각난다며 옷도 맨날 칙칙한 점퍼와 청바지를 줄창 입었다. 어느 날 내 고민을 이야기했더니 "이제 선생님 마음 알 것 같아요. 얼마나 힘들었는지 알 것 같아요. 이야길하면서 살아야지, 싸안고만 가지 말아요. 전교조 일 하면서 속 끓이는 마음 잘 알아요."라며 위로했다. 후배 교사이면서도 아이들에 대한 열정과 생각이 깊었던 진짜 교사였다.

4시간 남짓 걸려 묘소에 도착했다. 날씨가 좋다. 따뜻하다. 먼저 온 임정근 선생님과 큰 동생, 그리고 그의 아들 도영이. 추모제는 절을 시작으로 '임을 위한 행진곡' 합창, 그리고 생전을 회고하는 추모사 순으로 진행됐다. 모든 이들에게 김형선 선생님은 무지개 빛보다도 더 다양한 스펙트럼의 삶을 보여주고 갔다. 교사신문 69호 사설을 박홍순 선생님이 읽어 내려갈 때 나도 모르게 눈물이 주르륵 흘러 내렸다.

제사를 마치고 둘러 앉아 음복하면서 분위기가 바뀌었다. 임 선생님이 지훈이에게 '소리나 한번 해라'고 해서 의외였는데, 지훈이는 개타령을 하겠다고 했다. '개야, 개야, 삽살개야.' 주저하지 않고 소리를 하는 지훈이 모습은 맑은 가을 하늘에 퍼진다. 옆에서 재훈이도 거든다. '수궁가'도 하고 내년엔 '흥부가'도 하겠단다. 알콩달콩 아이들 재롱을 보며 행복해야 할 지금 그는 잠들어 있다. 아이들의 소리가락에 하늘은 더욱 푸르다. 큰 동생은 먼저 제작한 영화를 개봉하지 못하고 요즘 다시 영화를 제작 중이란다. 이제 어엿한 영화 감독이란다. 누님 돌아가시고 나서야 누님이 무슨 일 했는지 이제 알게 됐다며 이제야 철이 드는 것 같단다. 둘째 동생은 효창동에 살며 철도청에서 운영하는 회사를 다니고 용산역에서 청소 관리하는 일을 한단다. 추모제 끝날 때 그 막내 동생이 고맙다고 인사를 했다. 불콰하게 술이 오른다. 이제 다시 인천으로 가야 한다. 시린 현실로 돌아가야 한다.

(2008년 11월 3일)

김장

어머니에게서 김장을 담그러 오라는 전화가 왔다. 7일과 8일 연휴기간이다. 다른 해 같으면 내 일정을 먼저 소화하느라 집안 일을 모두 미뤘다. 그러나 작년부터는 가능한 한 내 일정을 조금씩 미룬다. 특히 어머님이 암수술한 지 3년이 지난 지금은 걱정이 앞선다. 위를 완전 절제한 지 3년이다. 3~5년까지 재발 확률이 높다고 한다. 이제 뱃가죽이 등에 달라붙은 것처럼 마르고, 꼬부라져 힘이 없어 보인다. 금요일날 판소리 들으러 가자던 나마스테에게 '그냥 시골가야겠다'고 전화하고 수원에 들러 둘째 녀석을 태우고 시골로 갔다.

토요일 아침 6시부터 쪽파 다듬기. 어머니는 김치를 담글 때 대파를 넣으면 미끌거린다며 주로 쪽파를 사용한다. 어머님이 '일찍부터 준비해봐라. 얼마나 힘든가' 하신다. 찔린다. 그러면서도 지부 일 맡았을 때 몸서리 치기도 하고 허망하기도 했던 날들이 얼마나 많았던가가 머리에 떠오른다. 아침밥 먹고 배추 절이기. 반씩 갈라놓은 배추를 소금물에 담갔다가 건져내 배춧잎 사이로 소금을 뿌려 넣어 절이는 작업이다. 배추가 대략 90포기 정도. 2시간 걸렸다. 바람도 없는 초겨울 볕이 너무나 좋았다. 앞산 단풍이 제대로 들었다. 우리 동네가 이렇게 아름다운 곳이었구나. 항상 이맘때면 노동자대회 등으로 서울 한복판에서 보냈는데, 김장 때문에 고향에 오니 그야말로 만산홍엽이다. 배추를 절였으니 이제 파도 썰고 미나리, 청갓 등도 썬다. 배도 3개 정도 깐다. 생강도 1근 정도 빻는다. 청갓은 돌산 갓하고는 다르다. 어머니는 돌산 갓은 나중에 뽑아서 담그신다며 아직 안 뽑으셨단다. 들통엔 찹쌀로 풀을 쑨다. 가장 큰 일은 무채를 써는 일이다. 채칼은 두개다. 하나는 고모님이 들고 하나는 내가 들었다. 고모님은 채칼 가운데를 왼손으로 감싸 쥐고, 오른손으로 무를 들어 적당한 길이를 가늠해 사선으로 문지른다. 소리도 사각사각하면 길이도 고르고 무우도 싱싱하게 잘 려 나온다. 속도도 엄청 빠르다. 식당에서 눈물을 흘리며 배웠다고 하신다. 따라해보니 영 서툴다. 길이도 들쭉 날쭉, 더 큰 문제는 무가 뭉개지는 것이다. 그래도 계속해보니 조금씩 나아진다. 그리고 무가 작아지면 다칠 위험도 커진다. 쉽지 않은 일이다. 그럭 저럭 준비물들이 하나씩 갖춰지고 무채에 고춧가루를 부어 버무린다. 고춧가루가 무에 배게 하려는 것이다.

밤 9시가 넘어 절인 배추 뒤집기를 한다. 위에 있는 배추를 밑으로 넣고, 밑에 있는 배추를 위로 올리는 작업이다. 간이 골고루 배게 하기 위함이다. 너무 무르지도 않고 빳빳하지도 않게 잘 절여졌다.

일요일 5시 기상. 어머님과 고모님은 벌써 일어나서 배추 씻기를 시작하신다. 부랴부랴 배추 씻기에 합류했다. 일찍부터 배추 절임 상태를 확인하다가 가장 적당한 때에 시작하신 것이다.

'이것 깨끗이 씻어야 하는 것 아녜요?' 한마디 했더니, 고모 왈 '옛말에 콩나물도 두 번 씻으면 욕한다. 뱃속에 똥만 든 놈들이 깨끗한 척 하냐?'고 했단다. 맨날 물만 먹고 살아 깨끗한데, 탐욕스럽게 살아가는 인간이 콩나물 앞에서 깨끗한 척하니 콩나물이 보기에 얼마나 우습겠는가? 배추를 씻어서 평상에 쌓는다. 이것도 처음 쌓다 보니 가지런하지 않다. 새벽 바람인데도 차지 않고 포근하다. 일하기에 좋은 날씨다. '이렇게 모여서 다 같이 김치를 담그니 이번 김치는 참 맛있을 게다'고 어머님이 흐뭇해 하신다. 고모님은 '아이고 옛날엔 물도 없으니 개울 가서 씻었지, 배추 지게로 날라야지, 날씨는 춥지, 물 데워서 날라야지, 불편한 게 한 두가지가 아니었어. 오늘은 물도 잘 나오지 날씨도 따뜻하지. 얼마나 좋아' 하시며 손을 재게 놀리니 2시간 가량 걸려 배추 씻기가 끝났다. 배추 씻기의 중요한 부분은 마지막 자투리 처리이다. 여기는 깨끗하게 씻어야 한단다.

아침을 먹고 9시부터 배추속 만들기를 시작했다. 구름이 잔뜩 끼더니 곧 맑아진다. 준비한 양념들 총집합. 밴뎅이젓 같은 젓갈류를 넣어야 하지 않느냐 했더니 담백한 맛이 좋다고 하신다. 나는 김치가 세상에서 가장 훌륭한 음식이라고 생각한다. 김치 먹으면 술도 깨는 것 같고 생기가 도는 듯하다. 일단 고춧가루를 듬뿍 넣고, 찹쌀풀을 넣고 일차로 버무리기 시작하다가 쪽파, 미나리, 청갓, 새우젓, 액젓, 마늘, 생강 등을 넣고 버무린다. 큰 함지박 한쪽에선 고모님이, 다른 쪽엔 내가 맡아 버무리기 시작한다. 버무리다가 간을 본다. 싱겁다고도 하고 짜다고도 하고 헷갈린다. 버무릴 때 싱거우면 나중에 맛이 없단다. 간간하게 해야 한다는 말씀. 나는 매운 것을 좋아하지만 짠 것은 싫어한다. 싱겁다는 의견이 우세하면서 소금을 더 뿌리고 다시 버무린다. 참으로 힘든 일이구나.

드디어 배추 속 넣기다. 배춧잎 한 잎씩 들추어 양념을 바르고 속을 넣는다. 얼만큼 넣어야 적당한지 가늠이 잘 안된다. 감으로 넣어야 하니 쉽지가 않다. 작년에도 했던 일이라 조금 지나니 적응이 된다. 한참 쭈그리고 앉아서 속을 넣다보니 허리가 펴지지 않는다. 대야를 짚고 한참 있으니 허리가 펴진다. 소화도 잘 안된다. 장갑을 벗는데 손가락에 힘이 빠져 떨린다. 11시경 원선이가 가족들하고 형락이와 함께 5명이 온다고 연락이 왔다. 형태도 왔다. 배춧잎이 붉게 물들며 속이 차서 김치통 속으로 들어가니 뿌듯하다. 1시가 다 돼 파김치하고 남은 양념으로 겉절이를 만들었다. 겉절이에 삶은 돼지고기 파티, 그 맛이 기가 막혔다.

(2008년 11월 11일)

소래산

일요일날 아침 6시 40분. 원선이에게서 전화가 왔다. 가게에서 곧 출발한단다. 감기가 닷새째 계속이다. 어젯밤에 원선이가 전화해서 산에 가자고 했었다. 원선이 아들은 중학교에서 공부는 1등인데, 이번에 회장 선거에 나가서 전교 부회장이 됐다고 한다. 감기 운운하다가 그냥 산에 가기로 했다. 7시가 되어 원선이가 차를 갖고 왔다. 중간에 형락이를 태워서 만의골 등산로 입구로 갔다. 어둑어둑하다. 지난밤에 미친듯 불었던 바람이 잦아 들었다. 맑고 상쾌했다. 모자와 자켓에 목 스카프까지 단단히 여민 덕분인지 그리 춥지는 않았다. 게다가 날씨 탓인지 사람도 별로 없다. 호젓한 산행이다. 천천히 걸으니 땀도 안난다. 10분이 채 안돼 능선에 오르니 시야가 탁 트인다. 순환고속도로엔 차들이 쌩쌩 달리고 멀리까지 맑게 보인다. 등산로를 만들어 울타리를 치고 계단을 만들고 등산객들에게 이 등산로로만 다니게 한다. 훼손되는 것을 막아야겠다는 의도다. 최근 등산객이 폭증하면서 취해진 조치들이다. 건강에 대한 사람들의 관심이 늘었고 불경기 탓도 있으리라. 해는 떠올라 밝게 빛난다. 연무가 많지 않아 관악산이 한 폭의 산수화처럼 보인다, 소래포구와 송도 포스코 주상복합아파트도 눈에 들어온다. 사람들이 늘어난다. 299.2m 소래산. 표지석 옆에 자리하고 원선이가 끓여온 장국을 한 컵씩 들이킨다. 뜨끈한 국물이 목젖을 지나며 시원한 느낌을 준다. 일본 된장으로 끓인 것인데, 공복에 뜨근한 장국은 제격이다.

　전날 토요일 밤에 방영된 KBS TV '다큐 3일'에서 '남동공단 겨울나기'가 화제로 올랐다. 대부분 대우자동차 협력업체들이고 수도권 최대 중소상공인 사업지역인데, 대우차 불황으로 속수무책인 사업장이 많다고 한다. 남동공단에 4,800개 업체 정도가 들어가 있다는데, 갑자기 불어닥친 불황에 다들 넋이 나간 상태다. 야근할 수 있는 업체는 행복하다고 한다. 대부분이 5인 미만 사업장인데, 그것도 유지하기 어려워 사장과 부인까지 나서서 일을 하며 근근히 버티고 있다고 한다. 게다가 공장 부지 가격은 평당 600만원이란다. 상가지역 일부는 평당 5,000만원까지 나간다고 한다. 여기가 명동인가, 말이 안되는 이 상황이 개탄스럽다. 원선이네 땅이 20여 년 전 남동공단이 조성되면서 수용됐는데, 당시 가격이 평당 5만원이었단다. 그게 20년쯤 지나 600만원이라니. 5만원에 사들여 20여년 만에 600만원을 만들어 놨으니 이만한 장사가 어디 또 있겠는가? 송도 경제자유구역도 마찬가지다. 매립원가가 평당 40여 만원이었던 땅이 평당 2천만~3천만원까지 오르니 우리나라 경제가 거품일 수 밖에 없지 않은가? 외국 부동산개발회사 게일사가 양해각서 체결만으로 1,270만평 가량의 땅을 양도받고, 땅 매입대금도 은행에서 빌려서 갚았단다. 5천억원을 들여 조성한 땅이 이젠 황금알을 낳고 있다. 아무리 포장해도 인천시가 외국 부동산개발업체와 손 잡고 땅장사 해먹었다는 사실은 피할 수 없는 죄로 남을 것이다. 규모가 커지고 화려해진 인천시의 외형속에 서민들의 가계는 깊은 주름이 패이고 있다. 일요일 새벽 소래산에서 바라본 송도신도시는 아침 공기만큼 상쾌하지가 않았다. 산에서 내려와 느티나무집에서 두부김치를 곁들여 동동주를 한 사발 먹고 인천대공원을 가로질러 걸어서 만수동 집에 왔다. 집에 오다가 장수초등학교 앞 형락이네 밭에 들렀다. 면적이 대략 500평 정도라고 한다. 오두막을 잘 수리하면 내년쯤 고기 구워먹기에 좋은 장소인 것 같다. 동동주가 감기와 만나니 어지럽다. 혼란스러운 요즘 사회 모습처럼.

(2008년 12월 1일)

논어 책거리

논어를 배운 지 1년 만에 어제 책씻기를 했다. 매주 1회씩 1년을 차질 없이 공부했으니 스스로 대견하다는 생각이 든다. 작년 연초에 시민단체 회원들이 일주일에 1회씩 아침 시간에 논어 강의가 있다며 참여하라고 했으나 사정이 여의치 않았다. 인문계 고등학교를 떠난 지 18년 만에 복귀해서 가르치자니 교재 연구 시간이 많이 필요했다. 복직 후 지난 2년간 줄창 책을 손에 들고 있어야 했다. 그래도 배우고 싶은 마음에 "선생님들이 논어를 배우면 교육활동에 많은 도움이 될 듯하니 가르쳐 줄 수 있냐"고 요청을 드렸더니, "선생님들 가르치는 일은 의미 있다"며 흔쾌히 수락해주셨다. 그래서 관심이 있는 선생님 열 분이 논어 공부에 참가했다.

이우재 선생님은 제물포고 출신으로 서울대 동양사학과를 졸업하고 사회 변혁운동을 하다가 세 번 투옥되기도 했다. 나는 소문으로만 들었을 뿐이고, 직접 만난 것은 재작년 인천지부 교육노동운동사 출판 때였다. 공부에는 귀재여서 제고 재학시절 문과학생 출신으로 전국수학경시대회에 나가 4위를 차지했단다. 그의 이 기록은 인천에서는 깰 수 없는 기록이란다. 게다가 몇년 전에 성공회대대학원 수학과를 다녔는데, 시험에서 만점을 받았다나. 또 늘 가르치는 교수들을 긴장하게 했다고 한다. 그런데 선생님 말씀이 수학 문제를 집중해 풀 때면 한참 과거였던 고등학교 때 수학문제를 풀던 기억이 되살아 난다는 것이다. 정말 비상한 기억력이다. 직접 논어를 번역하고, 한시 100수를 번역해 책을 출간했다. 카랑카랑한 목소리에, 걸죽한 입담에, 해박한 지식은 딱딱한 고전을 살아 숨 쉬게 한다. 고전에 향기가 있다더니 정말 좋은 시간이었다. 멍하니 딴 생각도 하고 강의 중 졸아서 핀잔도 받았지만 그냥 그자리에서 따뜻한 친구들과 이야기를 듣는 것만으로도 즐거웠다.

  2,500여 년전의 사람살이가 지금과 별반 다르지 않다는 생각이 든다. 진작 20대에 논어 공부를 했었더라면 하는 아쉬움이 남는다. 논어공부를 마치며 세 가지가 남는다. 첫째는 끊임없이 공부해야 겠다는 것이다. 둘째로는 가까이 있는 사람을 소중히 여겨야 한다는 것이다. 셋째는 절문이근사(切問而近思), '절실히 묻고 가까이 생각하라'는 태도이다. 배운다는 것은 참으로 행복한 일이다. 가능하다면 평생 이렇게 공부하고 이야기 나누며 살고 싶다.

(2008년 12월 11일)

눈

눈이 왔다. 9시경 사무실 밖에 나오니 아이들이 난리다. 셔터를 눌러댄다. 교사 주변과 운동장에 아이들 함성소리로 생기가 넘친다. 메마른 골짜기에 물이 흐르듯 아이들의 생기로 교정에 생동감이 흐른다. 도종환의 시와 박재동의 그림이 생각난다. 1교시 수업에 들어가니 아이들이 이구동성으로 밖으로 나가자고 한다. 해서 나가길 원하냐 했더니 좋단다. 그런데 평소 수업시간에 맨날 자기만 하던 조민과 형원이가 자지도 않고 나가지도 않는다. 판타지 소설에 빠져서 무아지경을 헤매고 있다. 낯선 풍경. 반 친구들이 우르르 나가고 상혁이만 친족 호칭을 적어낸다. 생활기록부 특기사항에 적어 낼 요량이다.

밖에 나오니 벌써 눈을 던지고 피하고 낄낄거리고, 아이들이 살아 있다. 정물화처럼 시들시들하던 놈들이 저렇게 생기가 도나? 나오길 잘했다. 운동장에선 아이들이 축구를 한다. 눈 위의 축구는 특별하지. 양말까지 적신 의종이는 특유의 쇼맨십으로 애교를 부린다. 형철이는 눈 위에 뒹굴며 강아지처럼 다리를 번쩍 든다. 의훈이는 연신 눈을 퍼다가 아이들에게 던진다. 찬원이도 맨날 공부만 하느라고 찌들었던지 오늘 만큼은 어린애처럼 잘 논다. 인간성 짱인 반장 동원이도 마음 좋은 미소를 띤다.

30분 정도 지나니 기운이 빠진 모양이다. 춥기도 하고. 이제 들어갈까 했더니 좋단다. 겨우 30분이다. 아이들에게 좀 더 마음을 열어야 겠다는 생각이 들었다. 승규가 던진 눈덩이가 내 왼쪽 머리를 강타했다. 아이들이 킬낄대며 좋아 한다. 아이들에게 추억을 만들어주려 했는데, 내게 좋은 추억을 만들어준 것은 오히려 아이들이었다. 응석 부리는 아이들이 좋다. 교실에 들어와 느낌을 적으라 했더니 상혁이가 써왔다. '보람찬 1교시'. 올해 2학년 3반 마지막 수업 시간이다.

(2008년 12월 23일)

선시어외

　벌써 50대가 됐다. 인생의 반길에 접어들어 못내 서운한 마음이 없겠는가만은 지난 40대의 혹독함에서 벗어난다는 생각에 50대의 시작이 반갑다. 문득 어제와 오늘이 다를 게 그리 있겠는가, 해 바뀜이란 단순히 인간이 정해 놓은 것에 불과할 뿐 자연의 이치와는 다른 것이 아닌가 하는 생각이 든다. 거대한 폭풍우가 지나간 후 남겨진 상처를 가슴속에 깊이 묻어두고 고요함과 공존하며 새로 시작하겠다고 결심해본다.
　교수신문에서는 올해 사자성어로 '화이부동'을 선정했다. '화이부동'은 공자가 논어 '자로' 편에서 '君子는 和而不同하고 小人은 同而不和하다'고 말한 데서 비롯된 사자성어다. 이후 평화와 공존을 강조하는 말로 널리 쓰이고 있다. '희망의 사자성어'로 화이부동을 추천한 윤재민 고려대 교수(한문학)는 "군자들의 사귐은 서로 진심으로 어울려 조화롭지만 그렇다고 의리를 굽혀서까지 모든 견해에 '같게 되기'를 구하지는 않는 데 반해, 소인배들의 사귐은 이해가 같다면 의리를 굽혀서까지 '같게 되기'를 구하지만 서로 진심으로 어울려 조화롭지는 못하다고 한 것"이라고 풀이했다. 지난 1년 간 정권 교체의 후폭풍은 반동의 역사로 사람들의 마음을 갈기 갈기 갈라놓았다. 그리고 암울한 구렁텅이로 내몰았다. 이명박이 주연을 맡고 극우 보수들이 연출한 버라이어티쇼가 촛불과 경제 불황으로 바닥이 드러나지 않았는가? 소위 서울교육계의 수장인 공정택의 반교육적, 수구적 행태는 쇼의 절정을 보여줬다.

  그 모습을 보면서 나는 경악했고 분노했다. 그러나 드러내지 않았다. 솔직히 그 드러냄이 두려웠다. 서 있는 것조차 힘겨운 상태인데, 마음만 바빠지게 되면 다시는 설 수가 없을 듯했다. 아니 더 정확하게 말하면, 이 상황을 내가 온몸으로 껴안게 되면 다시 긴장된 삶으로 되돌아 갈 것이 두려웠다. 삶의 많은 세월 속에서 상황과의 적당한 거리두기가 쉽지 않았던 터라 더욱 마음이 저어됐다. 특히 학교에 되돌아가면서 나의 삶에 붙은 꼬리표를 떼내고 가장 평범하게, 드러내지 않고 살아야겠다는 생각을 했다. 이런 생각이 과거 삶에 대한 배반이 아닐까 하는 생각도 들기도 하지만, 내가 새롭게 시작할 수 있는 출발점이라는 생각도 들었다. 그러나 그것은 순전히 나만의 생각이었다. 현실은 언제나 냉혹한 법이고, 그렇다고 일일이 다니면서 설명할 수도 없는 법이다. 그러다보니 학교에서도, 조직에서도, 나 스스로에게도 존재감과 긍정의 마음이 결여돼 있음을 느낀다. 정신도 육체도 끈을 놓고 살았다. 더 이상 지속되면 그야말로 돼지의 삶이리라. 난 다시 인간으로, 선생으로, 전교조 조합원으로 자신을 곧추세우고 싶다. 스스로 신독하려고 애를 쓰고 살도 빼기 위해 운동도 할 것이다. 가능하면 올해에는 종교 생활을 해보고 싶다. 나부터 마음의 문을 열고, 나부터 시작해야겠다. 그래서 나 자신만의 올해 사자성어로 '선시어외(先始於隗)'로 정한다. 방금 기축년 태양이 어둠을 갈랐다.

(2009년 1월 1일)

병욱에게

다행히 날씨가 풀리는구나. 의정부 306보충대에서 헤어지고 걸어가는 너의 뒷모습을 자랑스럽게 바라보았다. 키가 커서 네가 돌아보는 모습도 보았고, 그 모습을 사진으로 담아 놓기도 했다. 함께 갔던 할머니도 어머니도 병욱이가 침착하고 당당하게 입대하는 모습에 크게 안심하고 돌아왔다. 역시 병욱이답게 훈련소에서 찍은 사진을 보니 밝고 씩씩해 보여 좋구나. 그리고 병욱이가 보낸 편지를 읽어봐도 믿음직하구나. 병욱이가 고생하는 동안 할아버지, 할머니, 엄마 모두 별일 없이 잘 지내신다.

아빠는 요즘 자전거 라이딩에 푹 빠져 있다. 지난 주에는 월미도에서 배를 타고 영종도로 건너가 영종도를 가로지르는 라이딩을 즐겼다. 영종도에서 다시 삼목선착장으로 가 신도 가는 배를 타고 시도, 모도라는 섬 끝까지 다녀왔다. 오르막길에서 다리가 아파오고 땀도 많이 났지만 내려갈 때 느끼는 시원함과 상쾌함이 금방 보상해주더구나. 훈련받을 때 고생스럽기도 하겠지만 그걸 잘 극복하고 나면, 성취감과 자신감이 넘칠 것이다.

엄마도 요즘 자전거 배우기에 열중이다. 그동안 문학경기장에서 배웠는데, 이제 일주일 정도 지났다. 어제는 드디어 자전거를 타고 운동장 주변을 세바퀴 정도 돌았는데, 내리막길에서 속도감 때문에 기분이 좋았단다. 나는 언제 넘어질지 몰라 걱정이다.

병준이 형은 휴가 나왔다가 복귀했다. 친구들도 만나고 혁순네

집에 가서 놀다가 오기도 하고 황금 같은 시간을 보냈다. 형은 휴가 동안 요즘 히트작인 독립영화 '워낭소리'를 친구들과 함께 감상했는데, 지루할 것이란 생각과 달리 무척 감동적으로 보았다고 하더구나. 사람의 마음은 늙으나 젊으나 다큐의 진실 앞에서는 같아지는 모양이다. 할아버지와 할머니도 입대할 때 집으로 보내주는 병욱이 옷이 왔느냐고 물으시며 어찌 지내는지 궁금해 하신다. 편지 한 번 쓰거라. 주소는 충남 천안시 목천읍 석천리 356 번지, 도회균 귀하로 하면 된다.

 건강하게 잘 지내는 것이 가장 중요하다. 훈련을 통해 일신우일신하는 욱이가 될 것이라 믿는다. 다음에 다시 연락하마.

(2009년 2월 28일)

첫 산악 라이딩

　아침에 편지를 쓰고 난 뒤 자전거를 탔다. 카페 '노르웨이숲' 입구까지 페달을 밟으니 숨이 차고 무릎이 아프면서도 시원하다. 봄 바람도 따스하다. 몇 차례 오르락 내리락 하다가 도림고등학교 앞에서 우회전해 승기천 자전거도로를 달리다가 나마스테를 만났다. 이후 노란 웃옷을 입은 장중호 선생님을 만나 함께 라이딩을 즐겼다. 포장도로를 달리다 산길로 들어섰다. 그동안 산은 걷기만 했는데 산길에서 자전거를 타게 되니 좋은 공기에 기분이 꽤 좋아졌다. 언덕길에서 힘이 달리고 넘어질 것 같아 자전거에서 내려 끌고 올라 갔다.

▲ 동료 교사들과 산악자전거 라이딩을 마치고

마주 오던 나이 지긋해 보이는 라이더 한 분이 "자전거를 타고 가셔야죠" 한다. 탔다 내렸다를 몇차례나 했다. 나마스테도 옆으로 넘어지는 것을 보니 산악라이딩은 조심해야 겠다는 생각이 든다. 연수동 하수처리장 뒤쪽 길을 통해 다시 산길로 접어드니, 송도신도시 포스코 주상복합 건물이 우뚝 보이고 인천대교 모습도 시야에 들어온다. 공사장을 지나 산길로 오르니 경사가 험해지면서 오르기가 힘들어 결국 끌고 타고를 반복하다 송도 일대가 잘 보이는 포인트뷰에서 휴식을 취했다.

경사가 급한 내리막길에선 브레이크를 계속 잡다보니 자전거 균형이 깨지면서 결국 엎어지고 말았다. 허리가 꺾어지는 것 같은 통증이 왔다. 넘어지는 순간엔 허리에 이상이 생길 것 같았는데 다행히 별 탈은 없었고 다만 허리 오른 쪽이 뻐근하다. 조금 더 두고 봐야할 것 같다. 돌아오는 길에 송도 올갱이 해장국집에 들러 늦은 점심을 먹었다.

(2009년 2월 28일)

담임교사 1일차

　5시 기상. 교사신문 '글빛'에 올릴 글을 구상하다. 7시에 간단한 아침 식사를 마치고 7시 40분 학교에 도착했다. 7시 50분 교실에 가보니 10여명이 등교해 있다. 8시가 넘으니 대부분 학생들이 등교했다. 2명이 결석했다. 교무실과 교실을 오가며 바쁜 업무를 시작했다. 8시 50분 간단한 조회 시간에 오늘 일정을 공지했다. 조회를 마치자마자 바로 아이들이 우르르 몰려와 "샘, 학원 땜에 야자 빠져야 하는데요. 병원 가야하는데요" 한다. "나중에 이야기할테니 가 있어"라고 말하고 나니, 변화된 환경이 실감난다. 작년에 당구반 반장이었던 병철이가 와서 당구반을 맡아 달란다. 9시 15분 직원 회의 시간에 새로 부임한 한광희 교감 선생님과 기간제 교사가 소개 인사를 했다. 10시에 입학식을 했다. 입학 선서를 한 1학년 여학생이 아주 아무져 보인다. 이어 교감부터 부장, 학년별 담임, 비담임 순으로 소개가 이어지고 교장 훈화로 입학식을 마무리했다.

　11시 10분 3교시 담임시간. 우공이산에 대해 설명하고 급훈으로 정했다고 말해줬다. 이후에는 중식과 석식 인원을 파악했다. 중식은 전원, 석식은 19명. 사물함은 아래층부터 가로 번호순으로 하고 2학기때는 반대로 가기로 정했다. 환경부 분리수거 담당 한명을 선정하고 중식 티켓을 배부했다. 4교시 2학년 2반 문학수업. 오리엔테이션과 자기소개서 작성 요령을 가르쳤다. 1시 점심. 식사후에 행정실을 방문해 지문인식기 비번을 등록했다. 아이디 넣고 비번을 누르면 근무 확인 절차가 끝난다.

5교시에 드디어 짐 정리를 했다. 6교시 2학년 12반 국어생활 역시 독서의 중요성을 강조하고 자기소개서 작성 요령을 교육했다. 3시 50분 청소시간. 일단 임시로 두 분단에게 교실과 특별구역을 할당해 청소하도록 지시했다. 그런데 한 녀석이 안보인다. 점심시간 이후부터 안보였단다. 어처구니가 없다. 7교시 우리반 문학 시간. 역시 자기소개서 작성 요령을 가르치고 5시 10분 8교시부터는 자습하도록 지시했다. 석식 티켓을 배부하고 결석한 김영선의 어머니와 통화를 했다. 몸이 약해 구토를 일으켜 학교엘 가지 못했다며 내일 확인서 써서 보낸단다. 이후 청소구역을 배분했다. 아이들에게 물으니 번호순으로 배치하면 동의하겠다고 해서 쉽게 청소 당번을 편성했다. 주번은 1번부터 2명이 일주일씩 하기로 정했다. 아이들 조사서도 작성했다.

어느덧 6시. 교무실에 오니 야간자습 빼달라는 아이들이 몰려든다. 학원, 운동, 음악 등 이유가 다양하다. 부모와 통화하거나 확인서 제출한 아이들 10명 골라 보냈다.

7시 40분 학년협의회 시간. 야간자습은 원칙적으로 부모 동의가 필요하지만 개인별로 담임이 판단할 수도 있다. 자습 감독은 처음 2주간 동안은 가능한한 전원이 남고 방과후 활동은 다음 주부터 시작하기로 하자. 장학생 선발 기준도 논의했다. 4월 5일부터 3박 4일간의 수학여행 준비도 점검했다. 9시 종례 후 퇴근했다. 환경호르몬 냄새로 머리가 아프다며 전복순 선생님이 먼저 나가고 부장 선생님과 총무는 업무를 더해야 한다며 남았다. 퇴근길에 숙직실에 들러 근무시간 비번으로 확인 절차를 마쳤다. 참으로 긴 하루다. 집에 와서도 책상에 앉아 '글빛' 원고 청탁에 쫓기고 있다. 12시가 넘어간다. 쉬어야겠다.

(2009년 3월 3일)

황진도 선생님

개교기념일이다. 옥련여고로 전근한 황진도 선생님을 만나보기로 했다. 자전거를 타고 옥련여고 앞까지 가서 전화했더니 곧바로 나왔다. 감색 양복을 단정하게 입었다. 얼굴도 살이 약간 올라 보기 좋았다. 같이 식사하자고 해서 근처 '희망'이라는 토속음식점에 갔다. 황 선생님은 진로상담부에 근무하고 있다며 이 학교에서 정년퇴임하겠다고 말했다.

"큰애가 몇 살이죠?"
"도연이가 28살."
"둘째가 초롱이죠?"
"그렇지. 그 애는 26 살. 그리고 막내 아롱이는 15살."
"벌써 그렇게 세월이 지났네요."
"그럼. 해직될 때 애들이 초등학교 1학년과 유치원 다녔지."
"그렇지요. 둘째 아이 이름 따서 초롱글방이라는 서점을 운영하신 거잖아요." 하며 옛일을 더듬었다.
"그런데 그때 초롱글방을 어떻게 시작하게 되었나요?"
20년이나 동고동락했으면서도 한 번도 묻지 않은 질문을 했다.
"89년 인화여고에서 해직되고 나서 사무실에서 한 학기 정도 근무했지. 그런데 큰 애는 초등학교 다니고 둘째는 유치원 들어가야 하는데 먹고 살 길이 막막하잖아. 집사람이 답동 근처 지하상가에 자그마한 가게 하나를 10만원 주고 계약을 했어. 가보니 장소가 영

시원치 않아. 해서 계약금을 돌려받지 못하고 선인재단 정문 앞 부동산에 가니 마침 가게 자리가 하나 있다고 해서 얻었지. 서점에 관해 아는 것이 없었는데, 전교조 신문을 통해 해직교사 가운데 서점하는 사람들을 알게 됐지. 잠실여고 앞과 신월동, 그리고 서울대 후문 등에서 서점하는 해직교사들이 있었어. 내가 그 서점들을 직접 가보기도 하고 이야기도 들었지. 나는 주로 배다리 가서 책 받아 왔고 집사람이 판매하느라 고생했지. 그때 전교조 홍보 겸 해직교사 생계비도 도울 겸해서 휴지 같은 참교육 물품이나 작은 액세서리 등도 팔았지. 그리고 아이들도 많이 들르고 선생님들도 자주 들렀지. 그때 형선이도 우리 가게에 자주 왔는데, 나보다는 우리 집 사람하고 이야길 많이 했었지."

사모님이 요즘 건강이 좋지 않아 치료 중인데, 공연히 옛날 이야기 꺼내서 불편하지 않을까 하는 걱정이 들었다. 하지만 황 선생님은 담담하게 옛날 일을 기억해냈다.

"내가 88년 11월 대학 학력고사 감독을 하러 갔는데, 누가 갔다 놓았는지는 모르지만 교사협의회 신문이 있는 거야. 그런데 그 기사 중에 대한교련 사무국 여직원 월급이 나보다 많은 걸 알게 됐어. 그래서 학교에 돌아와서 사람들을 모아 함께 교련 탈퇴를 했지. 그게 인화여고에선 시작이었어. 그리고 12월 10일인가 인천교사협의회에서 집회를 했는데, 원도희, 오문석 선생님과 셋이 갔지."

"맞아요. 그날 교육악법 개정 집회였을 겁니다. 집회 후 처음으로 주안역까지 거리행진을 했던 날이었죠." 하며 응수를 했다.

"그리고 이듬해 1월 유무형, 곽노철 선생님과 만수동에서 만나

선인교사협의회 이야길 나눴어. 그리고 2월엔가 정창현 선생님 집에서 만났을 때는 많은 선생님들이 모였어. 3월 말쯤 선인재단 교사협의회를 결성하게 되었지. 그리고 사립교사협의회 사무실을 당시 황선진 씨가 대표로 있던 주안시민공동회 사무실을 함께 썼지. 그때 인성여고 김기열, 조진화, 황우성, 한영실 등 많은 선생님들이 참여했지. 그리고 애관극장 앞에서 일일찻집을 열었는데, 그때도 선생하고 처음 인사했어."

아! 그래요? 난 기억이 먹통이다. 혹시 2층 말인가요? 했더니 맞단다. 그리고 정창현 선생님 이야기가 나오니 생각나는 것이 있다. 88년 십정동 성당에서 교협 집회를 하는데 다물풍물 공연을 했다. 정창현 선생님 등이 가락을 쳤는데 잘 맞지 않았다. 그래도 서로 흥겨워서 즐거웠던 기억이 난다.

"그리고 교협 간부들이 송도로 1박 2일 연수를 갔었지. 밤새 토론하고 급별 교사협의회를 만들어 많은 교사들이 참여할 수 있도록 하자고 논의했어. 그런데 전국회의에 다녀온 정재영 선생님이 교원노조를 결성하기로 결정하고 일정까지 받아온 거야. 그래서 서둘러 그 일정을 소화하기 위해 다시 논의를 해서 교사협의회 창립은 그대로 진행하다가 교원노조 건설 인천준비위 체계로 가기로 했지." 그런데 문제는 준비위원장을 누가 맡느냐 였다. 당시 노태우 정권은 교사협의회조차도 좌익으로 몰며 탄압의 강도를 높이던 시기였다. 준비위원장을 맡는 것은 당연히 구속과 해직을 감수하는 것과 같았다. 간석동 태화아파트 조용명 선생님 집에 모였다. 신맹순, 황진도, 최근식, 원종찬, 이종태, 이준용 선생님 등등. 작은 방에서 심각하게 담배 피우며 고민했던 풍경이 빛바랜 사진처럼 떠오른다. 결국 신맹순 선생님이 준비위원장을 맡고 황진도 선생님이 부위원장을 맡기로 했다. 어려운 결단이었다. 초등과 공립교사협의회 결성을 마치고, 5월 10일 교사의 날을 맞아 인천교사 결의대회를 열었다. 탄압의 강도가 높아가자 현장교사들이 많이 위축되었다. 답동 가톨릭회관에 모인 100여명의 참가자들은 백인식의 힘찬 사회 아래 촛불을 들고 결의를 다졌다. 흔들리던 마음은 촛불과 함께 다시 불타 올랐다. 결의에 찬 비장한 마음은 5월 14일 연세대 노천극장에서 진행한 수도권교사 발기인대회로 이어졌다. 그날 내리던 비도 그 뜨거운 열기를 식히지는 못했다. 그리고 투쟁기금을 1인당 10만원씩 모금하며 5월 28일 전교조 결성을 향해 전진했다.

"5월 27일 지방에서 올라온 동지들과 강남 신천역 근처에서 잠을 자고 28일 YMCA 지하다방에 모였다가 연세대로 들어가라는 지침을 받고 연세대로 들어갔지. 들어가니 이미 전교조 결성은 선포되었어. 교내에 들어와 있던 전경들은 연대 학생들이 밀어내서 무사히 결성식을 마치고 자유발언을 하고 있더라고."

그날 수많은 전국에서 모인 동지들은 한양대에서 굴비처럼 엮여 경찰서에 끌려갔다. 한양대를 원천봉쇄하는 바람에 들어가지 못한 많은 동지들이 건국대로 자리를 옮겨 전교조 결성 보고대회를 열었다.

"전교조 결성을 마친 지도부들은 민주당사로 옮겨 농성을 진행했어. 농성에 참가한 신맹순 선생님이 전국 최초로 6월 9일 구속되셨지. 그리고 다음날인 6월 10일 인천대대학원 건물 강당에서 인천지부 결성식을 했어. 경찰이 원천봉쇄를 했는데도 많은 선생님들이 참가했지. 그리고 인천대 학생들이 교육 관료들이 접근하지 못하도록 막아주기도 했지. 결성식 후 대학원 강당에서부터 선인재단 정문까지 약 800여명의 선생님들이 힘차게 행진을 했지."

    결국 황 선생님은 수석부지부장으로 공안정국의 온갖 탄압을 받으면서 초창기 인천지부의 구심 역할을 했다. 언제나 원칙적으로 행동하시는 열정의 활동가다. 해직 당시 담임을 했는데, 그때 가르치던 반 학생 중 3명이 교사가 됐고, 그 중 한 명은 지금 옥련여고에 같이 근무한단다. 그때 황 선생님의 열정과 희생으로 이뤄진 많은 것들이 요즘 거꾸로 돌아가고 있어 마음이 편치가 않다.

(2009년 3월 24일)

성헌고 제자들

　제자들과 만났다. 성범이한테 만나자고 했는데, 오늘 만나는 인원이 총 8명이란다. 성범이, 상준이, 준연이, 대철이, 민준이, 호섭이, 수용이. 상준과 준연, 민준 외에 나머지는 20년 만이다. 그런데 성범이는 우리 집 근처에서 소주를 마신 적이 있다고 한다. 한양대에 들어가서 운동권 약간 하다가 적성에 맞지 않아 재수하고 고대 의대에 들어 갔단다. 의사가 되고 힘찬 병원에서 디스크 전문의로 있다가 독립해 안산에 튼튼병원을 친구와 함께 공동 투자해 설립했단다. 직원이 80명 가량이라니 꽤 큰 규모. 호섭이는 1학년 5반이었는데 수업시간에 손들고 질문을 잘 했었다. 오늘도 오랜만에 만나 술 마시면서 계속 손을 들고 질문을 해댄다. 재수 후 서울대 정외과를 졸업하고 지금은 강남에서 어학원을 운영한단다. 아직 총각이란다. 수용이는 공인회계사로 대치동 사무실에서 일하고 준연이는 여전히 디자인 일을 한다. 준연이는 집사람이 효성남초교 영양교사란다. 민준이는 동탄에 새로운 둥지를 튼 모양이다. 대철이도 강남에서 왔다고 하고 나중에 민석이가 합류했다. 소주가 두 세병씩 계속 들어오고, 20년 전으로 돌아간 이야기는 끝이 없다. 이제 39세의 중년으로 성장한 제자들. 술이 취하니 나는 선생님에서 형님으로 변했다. 세월이 화살과 같다는 생각이 든다.

(2009년 4월 27일)

야~ 야~ 이리 나와라!

"안녕하세요? 도성훈입니다. 잘 지내시죠. 조용명 샘도 잘 지내시고요?"

"아! 도샘. 오랜만이네요. 잘 지냅니다. 조샘은 설악고등학교로 옮겼고, 집도 새로 짓고 이제 좋은 일들이 생기는 것 같아요. 그런데 어쩐 일이에요?"

"이제 얼마 안 있으면 어린이 날이잖아요. 샘이 초기에 어린이날 행사를 시작해서 당시 이야길 듣고 싶어서요." 오랜만에 통화했다. 속초로 이사간 지 벌써 4년이다. 재작년 9월 말경 조 선생님 집에 다녀온 후 지금까지 소식만 간간히 전해 들었다. 세월은 무심하게 쏜 살처럼 흐른다. 세월의 무게에 머리도 희어지고 주름도 생기고 기억도 흐릿하다.

"그때가 몇 년도인가? 90년, 아냐 91년. 92년인가?"

정확하지 않다.

"어디서 했죠?"

"쑥골공원, 인하대, 인천교대."

"어떻게 어린이날 행사를 하게 되었죠?"

"공부방 활동하다가 시작하게 되었는데, 그때 내가 해직되어 연대사업 부장을 맡았지요. 전국에서 처음으로 공부방연합회와 함께 행사를 하게 되었어요."

"홍미영 씨가 운영하던 십정동 햇님공부방의 곽은주가 열심히 활동했어요."

드문드문 당시 기억이 이어졌다.

노미화 선생님은 서울교대를 졸업하고 85년 서울 Y초등교육자회 어린이 문화분과 분과장을 맡는다. 철거민 동네였던 지금의 부천 고강동과 인연을 맺어 '고강동 마을 어린이회관' 일을 하게 된다. 이 때 임병조 선생님을 비롯한 인천교대생들과 만난다. 2년 간 운영하던 어린이회관을 정리하고 인천에서 이런 사업을 하자는 것으로 의견을 모은다. 해서 효성동 이원희 목사가 개척한 새봄교회에서 '새봄어린이방'을 운영한다. 박문초등학교 김정심이 어린이방 책표지 싸는 일을 도와주며 인연을 맺는다. 그리고 지금 사무실에서 상근하는 최동숙 씨가 당시 어린이방 운영의 한 축을 담당한다.

노미화 선생님은 '당신 참 재미있는 여자야'라는 그의 저서에서 '송림동 산동네에서 평생을 살아온 토박이 처녀인 최동숙 씨를 내가 가장 존경하는 이유는 아무 조건 없이 아이들에게 다가갈 수 있는 사람이기 때문이다'라고 적고 있다. 최동숙 씨하고 둘이 힘겨워하며 운영하던 공부방에 임병조 선생님이 합류하고 이어 김명순, 이미혜 등 84학번 학생들이 나서서 어린이방 사업을 확대하기 시작한다. 주안5동 신부였던 호인수 신부, 송림동 사랑방 교회목사가 적극 지원했다. 이렇게 시작한 '어린이방'은 5개가 만들어지고, 연합운영위원회를 꾸려 노 선생님이 운영위원장을 맡았다가 이후 최동숙 씨가 맡는다. 교대생들의 참여로 활발하게 운영되던 어린이방 지원자들이 대학생 과외 허용으로 급격히 줄며 타격을 받는다.

이후 전국교사협의회가 창립되고 노 선생님은 교사협의회 일로 바빠지게 되고, '어린이방'은 최동숙 씨가 맡는다. 그러다가 88년 가을에 공부방 연합회 준비위 결성에 도움 요청이 와서 송림동 나눔공부방 연합사무실을 차리고 교육부장을 맡는다. 공부방 교사들에 대한 주민들의 절대적 지지와 헌신으로 운영하는 공부방으로부터 참교육을 실천할 수 있다고 믿었다. 그리고 노 선생님은 서울에서 인천으로 학교를 옮기게 된다. 내가 제물포 어느 술집에서 다물이 아버지하고 마주 앉아 "쓰레기로 같이 살면 안 되냐, 인천으로 돌아오라"고 간곡하게 외친 적이 있는데, 그날 이후 매우 괴로워했단다. 그런 기억이 나한텐 없지만, 다른 지역에 적을 둔 활동가들한테 인천에 와서 운동하라는 말을 자주 했기에 그랬을 법도 하다. 어쨌든 노 선생님은 학교를 인천으로 옮겼고 전교조 가입으로 조용명 선생님과 함께 해직된다.

89년 해직이 되면서 연대사업부의 주요 사업으로 공부방 지원을 하면서 이들과 끈끈하게 손 잡고 공부방 아이들을 만나고 진정한 지역의 교육활동을 하기에 이르렀다. 공부방연합회를 만들어 함께 교육안을 짜고 연간 교육안을 만들어 서울지역의 공부방하고도 아동교육 내용에 관해 협의하는 등 참교육 활동을 함께 하면서 인천의 공부방 교사들과 전교조 교사들은 고락을 같이 했다.

당시 연합회장은 신금자(신천리 나눔 공부방), 곽은주(십정동 해님공부방), 최동숙으로 이어졌고 91년 5월 5일 어린이날 행사를 인천대 쑥골공원에서 함께 한 것이 제 1회 '야~ 야~ 이리 나와라!' 행사였다. 잔디밭에서 아이들이 함께 노래하고 춤추고 뛰고 점심을 나눠 먹었다. 가을에는 다 함께 모여서 공부방 연합발표회 및 전시회를 열기도 했다. 가진 것이 없어 온 몸으로 온 정성을 바쳐 빈민 아이들과 함께 하는 공부방 교사들과 전교조 해직교사는 일치 단결 그 자체였다.

　전국 최초의 행사였던 어린이 큰잔치는 이후 전국 사업으로 확대돼 전교조의 대표적인 어린이날 행사가 됐다. 인천은 벌써 19회가 되었고 경인교대를 비롯해 인천대공원, 연수구, 강화 등지로 지역도 확대됐다. 전교조 선생님들은 19년 동안 어린이날에 아이들과 함께 했다. 80년대 열정으로 희생하고 헌신하던 공부방 선생님들만큼은 못하더라도 이것이 참교육 실천의 길이라고 굳게 믿으면서.

(2009년 4월 30일)

스승의 날

8시 5분쯤 학교 도착. 교실이 컴컴하니 아이들이 무얼 준비하는 모양이다. 창문으로 들여다 보는데 영웅이가 안에서 가린다. 교무실에 들어가 업무 준비하는데 현태가 데리러 왔다.
"야, 밀가루 뒤집어 씌우는 거 아니야?" 하면서 따라갔다.
문을 여니 컴컴한 교실에 책상을 뒤로 밀어놓고 아이들이 줄 맞춰 서서 스승의 은혜를 부른다. 칠판엔 큰 하트가 그려져 있고 하트 안엔 '선생님 사랑해요' 등과 같은 글들. 탁자 위엔 아담한 꽃바구니와 케이크, 그리고 미대 지망생인 동휘가 그린 초상화. 너무 멋지게 잘 그려 감동적이다. 그리고 반장이 운동 열심히 하라며 운

▲ 제자들과 함께 송도신도시에서

동복을 전해준다.

  나는 너희들 때문에 행복하다고 했다. 그리고 일신우일신하는 사람이 되길 바란다고 했다. 선생은 아이들 속에서만 존재의 의미가 있다는 생각이 다시 든다. 아이들과 기념 촬영을 했다.

(2009년 5월 15일)

전교조 인천지부 창립 20주년에 부쳐
- 죽음으로 전교조를 지킨 동지들에게 -

"여러분! 여러분들은 시민으로서 정당한 권리인 저항권을 행사하십시오."

비가 오락가락했던 연세대 노천극장에서 당시 통일민주당 초선 의원이었던 고 노무현 전 대통령이 전국교직원노동조합 발기인 대회에 참가한 수도권 선생님들에게 외친 말이다. 그렇게 전교조 결성에 동행했던 노무현 의원이 대통령이 되고 5년 임기를 마친 지 15개월 만에 서거했다. 하여 지난 29일, 벼랑으로 내몰려 떨어진 민주주의를 국민들이 가슴 속에 묻었다.

임을 위한 행진곡을 들으며, 먼저 가신 동지들을 불러본다.
이상구, 이석주, 박영상, 김용관, 곽영석, 권순삼, 김형선.

이상구와 이석주는 산악회 선후배이다. 이상구는 86년 속초초등학교에 부임했다가 이듬해 인천 가정초등학교로 전보했다. 88년 인천교사협의회 정책실에서 활동하다가 전교조에 가입했고, 89년 6월 직위해제를 당하기도 했다. 90년 가을 인천지부에서 주최한 관악산 등반대회에서 등반대장을 맡았던 그의 다부진 모습이 아직도 눈에 선하다. 91년 8월 전교조 깃발을 안나푸르나 봉우리에 꽂고 오겠다고 이석주와 네팔로 떠난다. 9월 7일부터 시작한 안나푸르나 등정은 순조롭게 진행되다가 9월 19일 안타깝게도 눈사태를 만나 두 동지는 셰르파 4명과 함께 희생된다. 시신은 운구할 수가 없어 양지 바른 곳에 전교조 깃발과 함께 묻고 영정만 흥륜사에 안치했다. 안나푸르나에 참교육 깃발을 날리기 위해 가슴에 품고 갔던 일이 전교조신문에 실려 전국의 동지들에게 안타까움과 감동을 주었다.

박영상. 80년 5월 강원대에서 학생운동을 했다는 이유로 강제 징집을 당하고 보안사에 끌려가 고문을 당하기도 했다. 88년 인천 부흥중학교에 첫 발령을 받아 교협활동과 전교조 결성에 참여했다. 92년에는 국공립중등지회장으로 해직교사 원상회복에 앞장서다가 93년 2월 해직되었는데, 6월에 승소해 복직했다. 그때 사무실이 제물포에 있었는데, 포석정이나 오작교 등에서 막걸리를 즐겨 마셨다. 막걸리를 마시며 당시 함께 추장을 맡았던 임용렬도 정직인 상태라 초중등을 넘어 '추장' 역할에 대해 토론하기도 했다. 부평공고에 재직할 때, 병원 치료를 위해 처남을 춘천에서 서울 병원까지 모셔가고 모셔오는 일을 하는 등 참으로 자상한 가장이었다. 97년 2월 전교조의 조합원 명단 공개사업이 결정되자, 주저 없이 참여했다. 그리고 3월 9일 심장마비로 급서했다. 부평 세림병원에서 발인을 마치고 노제를 지내기 위해 부평공고에 들렀다. 아침 7시경 부평공고 정문에 들어섰는데 학생들만 몇 명 눈에 띄고 교직원들이 보이지 않았다. 함께 근무한 동료 직원이 죽었는데 마지막 가는 길에 내다보지 않는 관리자의 비인간적인 모습에 치를 떨었던 생각이 난다.

김용관. 82년 광성고에 부임해 전교조 결성에 참여한 이후 광성고 분회장을 거쳐 99년 합법 전교조 초대 사립지회장을 맡았다가 2003년 지병으로 세상을 떠났다. 산을 200개 정도 올라서인지 넓고도 따뜻한 가슴을 지녔다. 광성고를 방문하면 강당으로 가서 함께 탁구를 치곤 했는데, 수준급이었다. 흥사단 활동에 참여해 교사들에게 전교조를 넘어서 사회를 넓게 보도록 몸소 본을 보이기도 했다. 탈춤반을 창설해 학생들을 가르치고, 학생들을 인솔해 각종 잔치 자리에서 흥을 돋우어 주었다. 그 탈춤반은 뒤에 김성래가 이어 받았다. 또한 술자리를 좋아하고 말하기를 즐겼다. 후배 교사들과 학교문제에 대해 토론할 땐 대화 우선 원칙을 주장하다가 가끔 후배들과 충돌을 빚기도 했다. 그러나 행동이 필요할때면 늘 후배 교사들의 편에 섰다. 그래서 비합법 시절에 어려운 일이 있으면 늘 달려가 청을 했는데, 한 번도 마다하지 않았다. 그는 후배들에겐 늘 큰 언덕 같은 존재였다.

곽영석 선생님은 89년 전교조에 가입한 뒤 초등지회 서구지회장, 대의원, 초등위원회 사무국장 등의 역할을 했다. 2003년 신현초등학교 재직 중 발병해 2004년 우리 곁을 떠났다. 말은 별로 없지만 실천이 앞서는 활동가였다. 학교운영위원으로서 교실의 조명시설이나 급수시설 등과 같은 아이들의 생활과 밀접한 교육환경 개선에 앞장섰다.

방학이 되면 아이들을 데리고 동해바다에서 야영을 하는 등 발로 뛰는 진정한 선생이었다. 늦도록 장가 들지 않았지만 부모님들에게 각별했다. 어떤 술자리도 마다하지 않고 늦게까지 남아 후배들 이야길 들으며 배우려고 노력했다. 늦깎이이면서 우직했던 활동가의 전형이라 할 수 있다. 암 투병을 하면서도 병문안을 가면 오히려 우리들에게 힘내라고 격려했다. 씨익 웃으면 모든 근심이 날아갈 만큼 순박한 그의 모습이 아직 선하다.

권순삼 선생님은 99년 조합에 가입해 활동하다 2006년 소천했다. 고인과 생전에 가깝게 지냈던 이태섭 선생님은 "기타를 둘러메고 아이들과 함께 노래를 부르며 하얀 이를 드러내며 웃는 그 모습 아직도 기억에 남는다. 형은 사람답게 사는 세상을 위해 맨 앞에 나서진 않았지만 언제나 우리를 지켜주고 선후배를 사랑하며 묵묵히 실천했다"고 회고한다. 신현북초등학교에서 고인과 함께 근무했던 박인섭 선생님도 "영석이형네 반 아이들과 권순삼 선생님반 아이들을 각각 대여섯 명씩 데리고 강원도 동해바다나 횡성 등에서 야영을 했는데, 마음 포근한 자연 속에서 아이들이 자라야 한다며 아이들과 함께 뒹굴며 뛰는 모습이 마치 그 또래 아이처럼 느껴졌다"며 그를 추억한다.

김형선 선생님. 96년 겨울, 생머리 나풀거리며 부평삼거리 지부 사무실에 나타났다. 97년 명단 공개 투쟁에 참여하고 국공립중등 소식지 '처음처럼' 창간호를 발간했다. 전 편집실장 강은숙 선생님은 "언니하면 쉼 없이 늘 부지런했던 모습이 떠오릅니다. 시간을 쪼개서 쓸 정도로 순간순간이 치열했던 사람이죠. 가끔 그 부분이 안쓰럽게 느껴지기도 했지만…… 사람들한테 싫은 소리 잘 못하고, 거절도 잘 못했죠"라고 평했다. 공장에서 바느질하는 어린 아이들 모습이 눈에 밟힌다고 옷도 잘 사 입지 않았던 그다. 남편인 임정근 선생님은 장례식 후 "평소 고인이 어려운 학생들을 도와주고 싶어 했어요. 그래서 처녀 시절에 월급을 어머니에게 모두 갖다 드리고 용돈을 받아 생활하면서도 어려운 학생들 도와주려고 가끔 용돈보다 많은 돈을 달라곤 했답니다"라며 200만원을 인천지부에 기부했다. 이것이 계기가 돼 교사와 시민들이 함께 하는 인천장학재단을 설립하기로 여러 선생님들이 뜻을 모았고 그 종잣돈을 현재 모금 중에 있다.

김익선 선생님. 전남에서 활동하다 인천으로 전입해 97년 검단중학교에서 교사 생활을 했다. 척박한 인천교육 현장에서 '무대뽀 정신'으로 조합원을 30명까지 늘리는 열정을 보여 주었다. 99년 췌장암 선고를 받고 투병하는 동안에도 그는 강인한 정신을 잃지 않았다. 장기를 모두 잘라내는 고통 속에서도 아이들을 포기하지 않고, 동지를 포기하지 않고, 가족을 포기하지 않았다. 오히려 "병문안 간 동지들에게 환한 미소로 격려하여 감동을 주곤 했다"고 김준희 선생님은 기억한다. 북인천여중에 근무할 때는 누구보다 일찍 출근해 교문 주위를 깨끗이 쓸어 등교하는 아이들을 맞았다. 또한 전국교사대회 때에도 사모님과 함께 바싹 마른 몸으로 꼭 가봐야 한다며 집회에 참가해 오히려 동지들을 격려했던 그였다. 작년 인천지부 체육대회 때 사모님과 함께 참가했을 때 "이제 툭툭 털고 다시 일어납시다" 했더니, "그래야지요" 했는데, 그게 마지막이었다. 시국선언 했다고 교단에서 내쫓겠다며 교사들 입에 재갈 물리고 초등학생들의 밥값을 싹뚝 잘라내고도 오히려 잘했다고 큰소리

치고 단체교섭을 파기하고 통제와 억압을 강화하는 것이 학교 자율화라고 포장되는 이때, 우린 무엇을 고민하고 실천해야 할 것인지. 다시 그 이름을 본다. 이상구, 이석주, 김용관, 곽영석, 권순상, 김형선, 김익선.

(2009년 6월 10일)

봉하마을

　인제고 선생님들이 봉하마을 간다고 해서 집사람과 함께 갔다. 장맛비로 당일 아침까지 고민하다가 날씨가 좋아져 예정대로 출발했다. 약 5시간 걸려 김해에 도착한 뒤 김수로왕릉 옆 한옥체험관에서 숙박을 했다.
　이튿날 아침 바로 옆 수로왕릉을 관람하고 바로 봉하마을로 이동했다. 비는 오지 않는데 아침부터 후텁지근하다. 버스에서 내리니 노무현 전 대통령 사진과 유서, 그리고 노사모 명의의 각종 플래카드, 추모객들이 사연을 적어 묶어 놓은 노란 리본이 눈에 띈다. 생가는 복원 공사중이라 불도저의 굉음이 날리고, "대통령님 힘내세요." 하고 외쳐댔던 저택 밑에서도 공사중이다. 저택 입구에는 경비하는 전경이 서 있고 집안 쪽엔 고요함이 흐른다. 봉하마을 찾는 인파는 점차 늘어간다. 저택을 지나 넓은 개활지에 유골을 안장한 작은 비석이 자리하고 있다. 1평 남짓한 돌판에 '대통령 노무현'이라는 글귀가 새겨져 있고, 두꺼운 철판엔 '민주주의 최후의 보루는 깨어 있는 시민의 조직된 힘입니다'라고 새겨져 있다. 모자를 눌러 쓴 한 시민이 아이들에게 돌을 만져 보고 뽀뽀도 해보라고 권하기도 하고 유골의 위치 등에 관해서도 알려준다.
　비석 자리에서 눈을 들어 왼편을 바라보니 부엉이 바위가 보인다. 길을 따라 오르니 단감나무엔 작은 단감이 후텁지근한 열기를 무심하게 머금고 있다. 길옆엔 추모객 리본이 빼곡히 묶여 있다.

왼편 길로 빠져 추락 지점으로 가니 출입통제 줄에 노란 리본만 바람에 하늘거린다. 깍아지른 절벽을 바라보니 중간에 산나리가 예쁘게 피어 대신 맞아준다. '자기 잘못을 감추기 위해 사람을 이렇게 몰아치느냐'고 분개도 해본다. '비가 와도 노무현 탓, 가물이도 노무현 탓' 모든게 노무현 탓이었다. 그가 느꼈을 인간적 고뇌와 정치적 좌절. 사실 나는 그의 외로움과 인간의 한계를 함께 느꼈기 때문에 나섰는지도 모른다. 작은 직책을 맡고서도 스스로 모순되는 삶 속에서 느꼈던 자책과 한계와 외로움. 대통령이라는 권력의 정점에 선 그는 어땠을까? 몰리고 몰려 갈 수밖에 없던 부채의 사북자리 같은 저 부엉이 바위. 무심하게 오가는 추모객들을 바라보고 노무현의 저택을 굽어보고 있을 뿐 말이 없다.

　다시 산 위로 오른다. 작은 산이지만 물도 많고 작은 폭포도 있다. 민 선생님과 황보는 그 물에 세수도 해본다. 부엉이 바위쪽은 통제해 갈 수가 없고 산 능선 오른쪽으로 접어들어 정토원으로 간다. 정토원 앞 능선은 주변을 조망하기에 좋다. 산에 오를 때 느꼈던 더위가 일순간 싹 가신다. 정토원에 들어가니 스님의 독경소리가 낭랑하다. 참배객들이 노 전 대통령 영정에 참배한다. 우리 일행도 참배했다. 작은 암자인 이 절의 운명도 부처님의 뜻인가? 다시 정토원 앞 능선으로 나와 의자에 앉아 한참을 내려다 보았다.

　다시 한번 비석 위에 새겨진 글귀 '민주주의 최후의 보루는 깨어 있는 사람의 조직된 힘입니다'를 되뇌어 본다.

(2009년 7월 20일)

밝은 터와 허용철 선생님

10년 만에 고2 담임을 맡아 봄에 수학여행을 다녀왔기에 소풍은 자연스럽게 2학기로 넘어왔다. 온 학교에 세계도시축전 동원령(?)이 내려 송도엘 가야 한단다. 소풍도 한동안 반별로 혹은 몇 반씩 묶어서 장소와 프로그램도 다양하곤 했었는데, 요즘은 다 옛날 이야기가 돼 버렸다.

89년 전교조 결성과 더불어 소풍을 좀 더 재미있게 바꿔 보려는 선생님들의 열망이 모여 소풍놀이 강좌를 열곤 했는데, 그곳이 '밝은 터'였다.

그 공간 마련으로 동분서주했던 허용철 선생님은 그 때를 이렇게 회고한다.

"89년 겨울, 기쁜 마음으로 숭의동 지하실을 문화공간으로 만들었습니다. 돈이 부족해 해직교사의 퇴직금도 더하고 이종구 선생님(현 중앙대 교수)에게 그림 2점을 받아 판매한 돈도 보탰었죠. 최원식 선생님(현 인하대 교수)도 교육문화 공간을 만들 것이라는 말에 기꺼이 그림 한 점을 주셨죠. 이렇게 십시일반 모은 돈으로 어렵사리 공간을 마련했습니다."

이렇게 해서 숭의동 깡시장 근처 지하에 밝은 터 공간이 탄생하게 된다. 천장에 붙일 스폰지를 싼 값에 사기 위해 서인천 공장 일대를 다니기도 하고, 바닥을 어떻게 해야 할지 모르다가 뛰고 춤출 때 탄력이 있어야 다치지 않는다는 말에 패널을 만들고 그 위에 고무를 깔았단다. 모두 직접 발로 뛰면서 고생이 말이 아니었다. 그렇게 만들어진 공간은 온 누리를 밝히는 공간이 되기를 기원하는 마음으로 '밝은 터'라고 이름을 지었다.

　이때부터 풍물패 '누리밝힘', 노래패 '햇살'이 중심이 되어 풍물 강습, 소풍 강좌, 노래 공연 등 활발한 활동을 시작한다. 풍물에 백인식, 이성근, 강승숙, 김인규, 이태의, 김영임, 박균달 선생이, 노래에 박진규, 복인웅, 김애진, 정란 선생이, 놀이에 권교남, 사진에 안삼일 선생 등이 활발히 활동했다. 그곳에서 나 또한 어색한 동작으로 북과 장구의 기초를 배웠던 기억이 새롭다. 소풍이나 수학여행 놀이를 위한 강좌도 열었다. 몸치들도 엉덩이를 흔들었고 서로 얼굴 표정을 보기만 해도 웃음이 넘쳤다. 점차 사진과 연극, 향토연구회 등으로 활동의 폭을 넓히면서 그곳은 인천 참교육 활동의 산실로 자리잡아 나갔다.

　열정은 넘쳤지만 공간 운영은 쉽지 않았다. 여름에는 항상 곰팡이 꽃이 피어 있어 냄새가 심하게 났는데, 처음 오는 사람들은 30분도 있기 힘들어 했을 정도였다. 장마 때면 늘 바닥에 물이 고여 퍼내야 했다. 그때 항상 먼저 달려오고 사람들을 부르고 앞장 서 일을 하던 이가 백인식 선생이었다.

　일은 늘어 가는데 일꾼들은 많이 늘지 않아 늘 간부 중심으로 허덕이고 공연비 마련을 위해 후원금을 모으고 티켓을 팔아 충당을 해도 늘 부족했다. 모든 것이 부족했던 시절이었다. 그럼에도 그 시절을 견디게 하고 성장할 수 있게 해주던 힘은 무엇이었을까?

"같은 꿈을 꾸는 사람들을 만날 수 있는 공간, 올바른 만남에 대한 풋풋한 갈구가 바탕이 되지 않았을까 생각합니다. 그래서 서로 얼굴만 봐도 그냥 좋던 때였습니다."

허용철 선생은 그렇게 그 때를 회고한다. 인천대학교 건너편 허름한 술집, '오작교'는 그러한 꿈을 나누며 서로 힘을 북돋아주던 추억의 주막이었다.

이제 20년이 지나 강화여고에 재직하면서 문화 활동을 계속하고 있는 허용철 선생님은 말한다.

"조직이란 몸체는 동지에 대한 사랑이 그 영혼이라고 생각합니다. 서로에 대한 배려의 마음들이 모여 조직을 살아 움직이게 만듭니다. 어려운 시기일수록 더욱 사랑이 필요하겠지요. 동지 여러분, 서로 많이 많이 사랑하시기 바랍니다."

요즘 꼭 새겨볼 말이 아닐까?

(2209년 9월 2일)

초등학교 동창 강금옥

　30대 중반에 시각 장애가 왔다. 그의 어머니가 돌아가셔서 강남 세브란스로 조문을 갔다. 그는 시각 장애임에도 불구하고 인천지부 개소식과 인천지부 20주년 행사 때에 찾아 왔다. 나의 어머니 칠순 때도 참석했다. 너무나 마음씨가 고운 나의 친구. 금옥이 언니가 친구들 와줘서 고맙단다. 언니는 그러면서 "우리 금옥이가 현실을 잘 수용하고 극복해서 너무 고맙다"며 인사를 해 마음이 짠하다. 아이들도 고려대와 성균관대에 다니고 남편이 사업을 한다. 초등학교 친구들이 늘 차로 안양까지 가서 데려오고 데려다 준다. 큰 부자도 명예도 권력도 없는 초등학교 친구들이 인생에선 늘 한 수 위다.

(2009년 11월 2일)

사랑스런 나의 제자

　어제 보충 마치고 교무실에 있는데 부담임이 교실 문짝이 찌그러졌다고 한다. 교실에 가보니 가관이다. 앞 문짝을 안에서 걷어찼는지 밑 부분이 바깥으로 밀려나오고 위쪽은 안으로 휘었다. 얼마나 세게 찼는지 꼼짝도 안한다. 아이들에게 물어도 묵묵부답이다. 흡연자들 나오라고 해서 교무실 옆 샤워실로 데리고 갔다.

　금방 누군지 알 일이니 빨리 이야기 하라고 했더니 ○○이가 "제가 그랬어요" 한다. 다른 아이들 교실로 돌려보내고 ○○이에게 왜 그랬냐고 물었다. "답답해서 그랬어요." 답답하면 그렇게 하느냐고 했더니 그렇단다. 속에서 화가 북받치면 벽이고 뭐고 걷어차는 모양이다. 그러면서 집에서 보고 배운 게 그렇단다. 아빠가 술만 먹으면 엄마를 폭행하고 아이에게도 그러는 모양이다. 아빠한테 혼난 엄마는 아이에게 그러고 아이가 엄마 말 안 듣는다고 아빠한테 혼나고 그랬단다. 결국 부모는 3년 전에 이혼했다. 그러고 젊은 새 엄마가 왔는데 병으로 두 달째 입원 중이란다.

　이젠 할머니하고 동생하고 셋이서 살게 될 것이란다. 빨리 그렇게 되었으면 좋겠단다. 혼자 골똘히 집안 일을 생각하다 눈물을 흘렸단다. 그러다가 문을 발로 걷어찬 것이다. 할아버지, 큰 아버지, 고모, 아버지 모두 이혼했단다. 작년에 벌점 과다로 대안학교에서 6개월간 공부하다 다시 부개고에 다니게 된 ○○이가 한 학기 동안 잘 적응했는데 다시 위기다. 눈물 흘리는 아이를 안아주고 이제

네 인생을 네가 스스로 개척해 나가야 한다고 말했다. 여러 가지 말을 많이 했지만 위안이 될지 모르겠다. 아이들의 문제는 모두가 어른의 문제이고 가정에서 비롯된다. 눈물 씻겨 교실로 돌려보냈는데, 퇴근하는 걸음이 무겁다. 소주 한 잔 마셨다.

(2010년 7월 13일)

도라지

아침에 마당에 나가니 3년 전에 심은 배나무에 배 2개, 감나무에 감 3개, 사과나무에 사과 하나, 복숭아 나무에 개복숭아 몇 개 열렸다. 김장 배추는 크고 무성하다.

아침 먹고 도라지 캐러 삽과 괭이, 호미, 낫 들고 밭에 갔다. 어머니가 3년 전에 씨를 뿌려 놓고 풀이 자라면 풀만 뽑아 주셨단다. 3평 남짓. 낫으로 풀을 벴다. 항상 풀을 제거하는 것이 일의 시작이다. 삽을 흙 속으로 깊이 밀어 넣는다. 흙을 깊이 파야 뿌리가 안 다치는데, 서툴다. 3년 간 흙 속에서 자란 도라지들이 얼굴을 쏘옥 내민다.

흙이란 오묘하다. 씨를 받아 싹을 틔우고 자양분을 공급하여 살을 찌운다. 모양도 제각각이다. 안에서 은밀하게 이루어지는 자연의 비밀을 나는 알지 못한다. 생명의 치열함을 위해 겪었을 그 비밀을 알지 못한 채 한 뿌리씩 올라올 때마다 작은 탄성과 수확의 욕심 뿐이다. 삽시간에 한 자루를 채웠다. 그만큼 이마엔 땀이 송글 맺힌다. 병준이도 군대에서 나름 삽질을 배웠다는데, 도라지 캐기엔 아직 익숙치 않다. 사람 모양을 한 인삼처럼 생긴 것도 있는데, 옛날엔 사기꾼들이 도라지를 인삼으로 속여 파는 일도 있었다 한다.

도라지를 수돗가에 풀어 놓으니 양이 제법이다. 물로 헹구니 뽀얀 속살이 드러난다. 몇 차례 물을 갈아가며 김치 버무리듯 헹구니

껍질도 벗겨진다. 큰 놈을 골라 도라지술을 담기로 하고, 나머지는 즙을 짜내어 약용으로 쓰거나 반찬으로 먹기로 했다. 저울에 달아 보니 9kg. 400g에 1근이라니 2관이 조금 넘는다. 씨 뿌린 지 3년 만에 두 시간 작업해 수확한 것을 시세로 따져 본다. 시장에서 400g 한 근을 3천원에 판다니 오늘 캔 도라지 값은 7만원 남짓. 참으로 적다. 계산 이전에 "아이고, 많으네" 하시며 흐뭇해 하시는 어머니. 3년을 기다린 결과물이다. 만물은 때가 있고 기다릴 줄 알아야 한다는 것을 자연은 늘 소근거리는데 그냥 스쳐 지나간다. 지나고 나서야 조금씩 알아가니 참으로 둔하다. 신선한 가을 바람이 건너편 동네에서 흐르는 색소폰 선율을 따라 목덜미를 스친다.

(2009년 10월 2일)

솔아 솔아 푸르른 솔아

거센 바람이 불어와서 어머님의 눈물이/
가슴속에 사무쳐 오는 갈라진 이 세상에/
민중의 넋이 주인되는 참세상 자유 위하여/
시퍼렇게 쑥물 들어도 강물 저어가리라/
솔아 솔아 푸르른 솔아 샛바람에 떨지 마라/
창살 아래 네가 묶인 곳 살아서 만나리라/

요즘 색소폰 연습곡이다. 함께 색소폰 연습하는 막내가 깊은 밤에 이 노래를 연주하는데 갑자기 가슴이 먹먹해진다. 소리를 동글동글하고 예쁘게 만들어야 한다며 불어대는 색소폰 소리가 시간을 뒤로 돌린다.

89년 2월 학교 민주화를 위한 농성을 진행하고 있던 중에 학교 측을 옹호하는 일부 학부모들이 농성장엘 들이닥친다고 하여 학부모들과 싸울 수 없으니 일단 자리를 비우기로 하였다. 하여 십정동 성당에 모여 대책을 논의하고 다시 학교로 들어갔다. 그랬더니 농성장은 완전히 쓰레기장이었다. 우리의 주장이 담긴 대자보를 비롯한 모든 물건들이 어지러이 널려 있었다. 우리의 주장과 요구가 정당했음에도 불구하고 무참히 짓밟힌 것에 모두들 참담한 심경이었다. 뜯겨진 농성장에 동료들과 둘러앉아 이 노래를 부르기 시작했는데 하나 둘씩 눈물을 흘리기 시작했다. 나를 비롯해 동료들 가운데는 학생 운동권 출신이 한 명도 없었다. 처음 해보는 농성도 어색했는데, 노래도 어색하기는 마찬가지였다. 그래도 자꾸 부르며 몇 곡을 익혔는데, 그 노래들 가운데 한 곡이었다. 이후론 이 노래를 질리도록 많이 불렀고 뇌리에 강하게 남았다. 그리고 부를 때마다 가사와 곡조가 당시 상황을 환기시키며 가슴을 저미게 했다.

세월이 흘러 2000년 봄엔가 현재 민예총 지회장인 김정렬 선생님이 박영근 시인을 사무실로 모시고 와서 인사를 나누었다. 그런데 그 분이 '솔아 솔아...' 노래 가사가 일부 담긴 '백제6'이라는 연작시를 쓴 시인이라는 것이다. 하여 노래에 얽힌 그 시절 내 경험을 들려주며, 좋은 시를 잘 읽었다며 감사하다는 인사도 하고 사인도 받았던 기억이 있다. 이제 그 분은 돌아가시고 부평 신트리공원에 시비만 남아 있다.

아직은 연주 실력이 짧아 기계적으로 계명 소리 내기에 바쁘고 음 이탈도 자주 낸다. 그래도 이 곡을 연습할 때마다 그 시절, 그 동지들 모습이 떠오른다. 24년이 지난 지금 이제 그 어두웠던 시절의 기억이 점점 가물거린다. '샛바람에 떨지 않고, 시퍼렇게 쑥물 들어도 강물 저어갈' 용기가 다시 생겨날 수 있을지 자문해본다.

어머니

  8월 17일 금요일 개학일. 집사람에게서 어머니 심장이 약해진다는 연락을 받고 급히 병원으로 가니 어머니가 운명하셨다. 길병원에서 두 번이나 진찰하고는 이상 없다고 하더니, 이렇게 허무하게 가시다니. 목숨이란 것이 꽃송이가 툭 떨어지듯 한다더니 참 허무하다.

  어머니는 트럭을 타고 산골로 시집와 나를 낳고 병환으로 고생하시다가 천안에 살림을 나셨다. 아버지가 강원도 철암 주물공장에 취직하셔서 나를 조부모님께 맡기시고 철암으로 이사 가셨을때도 병환으로 죽을 고비를 맞으셨었다. 그 때도 나를 마지막으로 보고 싶다고 하셨다고 한다. 8살때 할머니 손에 이끌려 서울을 거쳐 장성병원에 갔다. 그 때 처음 서울나들이를 하고 전차도 타 봤다. 철암에 가서도 탄광 속으로 오르내리는 기구와 광부가 타는 쇠로 된 기차가 너무 신기해 마냥 타보고 싶었다. 어머니가 위독할 정도로 깊은 병환에 고생하셨다는 것을 나중에야 알았다.

  결국 다시 소생하셨고 아버지가 직장을 부평으로 옮겨 성모병원 앞 단칸방으로 이사를 하셨다. 그리고 나를 부평으로 전학시키셨다. 어머니는 한 없는 사랑을 가지셨지만 법도에 어긋나거나 잘못을 하면 회초리로 엄하게 나를 다루셨다. 부농 집안에서 태어나셨지만 여자가 무슨 교육을 받느냐며 중학교에 보내지 않아 국민학교만 다니셨단다. 하지만 생각이 깊으시고 사람들을 대할때 배려가 많으시며, 인정이 많고 경우가 바르셨다. 항상 상대방 입장을 고려하고 궂은 일은 스스로 앞장서셨다.

병든 외숙모를 대신해 친정일에는 발 벗고 나섰기에 조카들이 어머니처럼 따랐다. 조카들 취직도 시켜주고 단칸방 시절임에도 외사촌들도 불러 올려 돌봐주기도 하셨다. 외삼촌이 농약에 중독돼 쓰러지면 며칠이고 밤을 새워 간호하셨다.

89년 2월 해직돼 성헌고에서 농성하고 있을 때 태어난 지 한달 된 병욱이를 등에 업고 운동장에 서 계셨던 모습이 지금도 눈에 선하다. 그때 어머님 심정이 어땠을까? 복직해 근무하다가 전교조 가입으로 또 다시 해직됐을 때 마음은 어땠을까? 늘 앞장만 서지 말라고 당부하셨는데... 가끔 텔레비전에 나왔다고 동네 사람들 이야기할 때마다 어떠셨을까? 결국 부모님이 큰 애를 평택으로 데리고 가 키워 주셨다. 어머님 생신 때면 갈까 말까 망설일 때가 많았다. 얼굴을 보여드리는 것만이라도 해야지 하는 생각으로 가기는 갔다. 어느 해엔가 어머니가 시장엘 가자고 해서 따라 갔다가 사주신 겨울 점퍼를 얻어 입었다. 생신 선물도 못 사간 터라 면목이 없었는데, 점퍼를 들고 한참이나 속으로 울었다. 자식이 뭐길래.

94년에 복직하고 나니 한시름 놓으셨는지 다시는 절대 앞장서지 마라고 다시 당부하셨다. 97년엔 불량재생성 빈혈로 입원해 거의 고치기 어렵다고 했는데, 수 많은 사람들이 헌혈증서를 모아주고 도와주어 기적적으로 다시 소생하셨다. 병든 할머니 수발하느라 교회도 다니시고 부모님에게 극진해 평택시로부터 효부상도 받으셨는데 정작 당신은 효도를 받지도 못하고 돌아가셨으니 마음이 찢어진다. 2000년 아버지 뇌경색으로 병간호하시고 2006년 6월 위암 발생으로 다시 한번 생의 고비를 맞으셨는데 다행히 전이가 안된 덕에 수술로 완쾌하셨다. 칠순잔치를 하신 것이 그나마 나로서는 자그마한 위안이다. 그로부터 4년 만에 파킨슨병이 발병하시고 지난 연초 2개월간 의식불명 상태였다가 다시 깨어나신 지 6개월 만에 돌아가셨다. 참으로 많은 세월을 병마로 인해 고생하시다 돌아가셨다.

(2012년 8월)

마이너리티 리포트(Minority Report)

2054년 워싱턴.

예방을 위해 창안된 기관 프리크라임은 절대로 오류가 없는 예방시스템을 사용하면서 6년 간 단 한 건의 살인 사건도 발생시키지 않았다. 앞으로 발생할 살인 사건을 정확하게 예견하여 그것이 발생되기 직전 저지하고 예상되는 범인을 미리 체포한다는 것이다.

전국적으로 이 시스템을 시행하려는 결정을 앞두고 예방시스템이 절대적으로 오류가 없다는 점을 강조하던 본부장(맥스 폰 시도우)은 예측된 살인자 앤더슨의 체포를 명하고, 예방시스템 정책의 확산을 반대해왔던 법무국의 파견자 데니(콜린 파렐)의 추격을 피하기 위한 앤더슨의 필사적인 도망은 자신이 어떤 이유로 살해를 하게 되는 것인지 수수께끼를 풀기 위한 절체절명의 순간들이 이어진다. 결국 앤더슨은 철저하게 믿어왔던 시스템에 허점이 있을 수 있다는 가능성을 현실적으로 증명하여 완벽하다고 믿었던 예방시스템은 폐기된다.

얼마 전 큰아들이 빌려온 비디오 '마이너리티 리포트'라는 스티븐 스필버그의 영화 내용이다. 범죄 예방을 앞세우며 첨단 장비를 이용하여 모든 시민들의 일거수 일투족이 감시되고 통제된다. 사람의 눈에 인식기를 설치하여 모든 인간들을 완벽하게 통제하는 장면들은 실로 끔찍했다.

가상 세계를 그린 영화에서나 볼 수 있는 이러한 통제의 현실화를 목격하는 것은 그래서 더욱 끔찍하다.

바로 교육부가 3월 1일 개통하는 교육행정정보시스템(NEIS)이다. 김대중 정권에서 전자정부 구현의 미명 아래 학생, 학부모, 교사의 200여 가지 개인 신상 정보와 학교 단위에서 벌어지는 모든 교육 활동이 교육부 서버에 모여진다. 그 내용에는 이름부터 몸무게, 키, 학습부진아, 학부모의 직업에서부터 전세·월세, 편모·편부 여부, 투약일지 등 병력까지 실로 엄청나다. 전국적으로 1만개 학교, 800만 학생들의 12년 간 기록이 누적되어 50년 간 보관된다.

교육부는 '학교와 가정이 함께 하는 학생지도', '민원처리 절차 간소화로 질 높은 서비스 제공', '업무의 효율적 처리로 교원의 업무 경감'을 내세우고 강행하고 있다. 교원 단체들의 반대와 학부모의 65%가 반대하는데도 불구하고 밀어붙이는 저의가 무엇일까?

이 프로그램을 만든 삼성 SDS는 교육부, 교육청, 학교 정보 담당자까지 7박 8일간 미국 연수를 실시한 바 있다. 더구나 이 업체는 앞으로 있을 교육용 PC 교체 사업에 뛰어들 것이라는 소문 때문에 로비성 해외 연수라는 의혹이 제기되고 있다.

국가기관에 의한 자의적인 정보의 집적은 엄청난 인권 침해이며 헌법 파괴이다. 질높은 서비스 제공이라는 이유만으로 교사의 교육 활동 및 개인정보를 수집하고 집적하는 것은 다른 선진국에서는 찾아 볼 수 없는 대한민국만의 모습이다.

모아진 정보가 장사꾼의 손아귀에서는 이윤추구의 도구로 사용될 것이며, 범죄자에게는 좋은 먹이감이 될 것이다. 또한 국가 기관에서는 목적과 달리 국민 통제 수단이 될 것이 너무도 자명하다.

교육부는 이제 더 이상 국민을 기만하지 말고 교육행정정보시스템(NEIS)의 가동을 즉시 중단해야 한다.

새학기가 시작되는 오늘, 통제와 감시의 대상이 된 우리 학생들을 보며 교사들은 절망하고 있다.

(2003년 3월 경인일보 기고)

고교등급제와 인천교육
- 교육 목표의 패러다임 바꿔야 -

그동안 공공연한 비밀이었던 고교등급제가 사실로 드러나면서 인천 지역의 교사와 학생, 학부모들이 분노와 허탈감에 빠져 있다. 전교조 인천지부에서 인천 일반계고 30개교의 1학기 수시 상황을 조사한 결과, 통학 가능한 서울 소재 6개 대학 수시 지원자 총 1328명 지원자 중 65명이 합격해 합격률이 4.89%에 지나지 않는 것으로 나타나 충격을 주고 있다. 이 결과를 놓고 인천교육의 학력문제와 책임 소재, 원인과 처방에 대해 여러 지적이 나오고 있다. 그러나 자칫 이 문제에 대한 원인과 처방이 엉뚱한 곳으로 흐를 염려가 있어 몇 가지를 지적하고자 한다.

먼저, 가장 근본적인 책임은 등급제 실시 대학에 있다. 수시 전형이 도입된 이유는 성적순으로만 학생을 선발하는 대입 제도의 문제점을 개선하기 위해서였다. 그러나 대학들은 편법으로 부와 학연을 갖춘 강남 지역 거주자 자녀와 특목고 출신자들을 선별 선발해왔고 그 비율을 40% 이상 확대 하면서 손쉽게 기득권에 편승하여 다양한 인재 육성이라는 교육기관으로서의 기본 책무조차 스스로 져버렸다. 따라서 1학기 수시에 대한 전면적인 특별감사를 통해 사실을 밝혀내고, 등급제를 적용한 대학에 대해서는 강력한 제재 조치가 있어야 한다.

둘째, 인천의 학력저하 문제를 지적하는 부분은 등급제와는 별

개로 진행되어야 한다. 1학기 수시결과만 놓고 인천의 학력이 낮다고 규정 짓고, 그 책임이 마치 교사들에 있는 양 교사 평가제 도입을 거론하고, 더 많은 시험을 학생들에게 강요해야 한다고 주장하는 것은 고교 등급제의 타당성에 대한 존재 증명에 지나지 않는다. 차라리 전국의 중학교, 고등학교, 대학교에 등급제를 도입할 것을 권한다. 등급제가 양성화되면 1등급 외의 학생들과 학부모들은 체념으로, 천형으로 감내하며 일찌감치 입시 경쟁을 포기하고 자아 실현을 위한 새로운 길을 모색할 수 있게 될 것이기 때문이다.

셋째, 인천교육의 획기적인 발전은 교육 환경 개선에 달려 있다. 과다한 학급 당 학생수의 감축, 교원 수 확충과 자율성 보장, 교육 행정의 개방 등이 적극적으로 강구되어야 한다. 그 토대 위에서 거주지와 출신고교에 따라 차별 받는 교과 성적 위주의 교육 대신 자신의 능력으로만 평가 받는 21세기형 인간 육성을 교육 목표로 제시하는 것이 교육청의 과제일 것이다.

(2004년 10월 경인일보 기고)

교육의 질을 좌우하는
교육시설 및 환경의 질

　흔히들 학교교육의 질은 교사의 질을 뛰어넘을 수 없다고 한다. 교사 1인 당 학생수, 학급 당 학생수 등 각종 교육지표는 교사의 질을 보장하기 위한 전제 조건이므로 해마다 각종 교육지표가 발표되고 이는 학교교육의 질을 가늠케 하는 지표로 활용되고 있다. 특히 OECD 교육지표는 세계 속에서 우리교육의 수준을 비교할 수 있는 대표적 지표로 교육기관의 산출 및 학습 효과, 교육에 투자된 재정적·인적자원, 교육기회에의 접근·참여·발달, 학습 환경 및 학교조직 등 4개영역 28개 지표를 49개국을 대상으로 분석, 제시하고 있다.

　올해 발표된 '2005 OECD 교육지표'와 비교해 보면 2005년 현재 우리의 교육수준은 OECD 국가 평균에 미치지 못하는 실정이다. 학급 당 학생수는 초등학교 21.6명, 중학교 23.9명에 비해 각각 10여 명씩 많은 34.7, 35.2명이나 된다. 인천은 초등이 35명, 중학교는 40.1명이나 되는 실정이다. 교원 1인당 학생수는 유치원 21명, 초등 30.2명, 중학교 19.9명, 고등학교 16명으로 OECD 평균 14.4명, 16.5명, 14.3명, 13명보다 여전히 높은 상태이다. 이는 계속적으로 유입인구가 증가하는 경기와 인천의 지표와 비교할 때 더욱 큰 차이가 벌어진다. 인천의 경우, 올해 초등학교는 25.8명, 중학교 25.6명, 고등학교 25.2명으로 10명 이상이나 많은 학생 수를 보이고 있다.

OECD 교육 지표에는 포함되어 있지 않은(왜냐면 충분한 교사의 확보는 교육 활동의 가장 기본적인 조건일 터이므로) 법정 교원 확보율은 전국 평균 88.5%, 인천은 중학교 78.4%, 고등학교 78.5%에 불과해 과도한 수업 시수와 더불어 교사의 수업 외의 업무를 가중시키는 역할을 하고 있다. 우리 공교육 부실의 첫 번째 원인은 교원 수도 채울 수 없는 교육투자의 부족일 것이다. GDP 대비 교육예산 지출은 OECD 평균 5%에 못 미치는 4.2%이고, 이는 30개국 중 22위에 해당하는 수준에 불과하다. 가장 역동적인 경제 생산성을 보이고 있을 뿐 아니라 세계 10위의 무역량을 자랑하는 우리나라이고 보면 이러한 교육투자 부진이 공교육 토대를 허무는 가장 중요한 요소이며, 교사들이 교육활동에 전력투구할 수 없게 하는 중요 원인이다. 낮은 교육지표에도 불구하고, PISA(국제학업성취도 평가)에서 우리 학생들이 상위그룹을 형성하고 있는 것은 사교육비 및 교사들의 헌신에 힘입은 것이라 하지 않을 수 없다.

학교 신축과 관련된 우리나라의 법률에는 교실과 운동장 면적, 조도, 소음, 실내 온도 기준을 제외하면 이렇다 할 기준치가 마련되어 있지 않다. 그나마도 비현실적인 기준들이라서 교실 온도는 여름이면 너무 덥고 겨울이면 추우며, 조도 또한 밝지 않아 항상 전등을 켜두고 있어야 한다. 학교 건물은 가장 싼 값으로 지을 수 있는 대표적인 건물이어서 부실공사로 얼룩져 있어도 누구 하나 책임지지 않고, 학생만 고스란히 피해를 당할 수밖에 없다. 실내 공기 질이나 환경 유해 물질 등의 규제를 담고 있는 다중 이용시설 관련 법령의 경우, 학교는 다중 이용 시설에서 제외되어 있는 탓에 그런 규제 자체가 불필요해지는 사각지대일 뿐이다. 최근 아토피나 비염, 천식 등의 학생들과 어린이들 사이에서 발병률이 높기 때문에 드문드문 학교에서 유기성 유기화합물, 석면 등에 대한 조사 결과가 산발적으로 발표 되고 있으나, 이 결과를 바탕으로 한 법령 제정 등 학교 건축물에 대한 시설 기준, 환경 기준 등의 여건 마련은 여전히 멀어 보인다.

2005년 전교조 인천지부에서는 인천대학교 노동과학연구소, 원진 직업병 관리재단 부설 노동환경건강연구소에 의뢰하여 국내 최초로 교실 환경, 교사의 근무 상태와 학생의 학습 환경에 대해 다각적으로 조사를 벌인 바 있다. 조사 항목은 교실 내의 소음, 먼지, 포름알데히드, 휘발성 유기화합물, 일산화탄소와 이산화탄소(교실 환기의 적절성), 석면 함유와 학생, 교사의 책상과 의자의 적정성 여부에 따른 통증 호소 정도, 교사의 직무 스트레스 등이다.

조사 결과에 의하면 소음, 먼지, '새집 증후군' 유발 물질(포름알데히드, 휘발성 유기화합물), 부적절한 환기 등으로 두통, 안질환, 코막힘 증상 등을 호소하는 학생들이 50~80%, 부적절한 책.걸상으로 인한 근골격계 질환(요통, 목·어깨 근육통 등) 호소자 또한 50~80%로 나타났다. 교사의 경우도 77%가 근골격계 질환을 호소하고 있으며, 직무 스트레스는 중학교 교사가 46.22로 가장 높고, 초등 교사가 45.87, 고등학교 교사가 43.83으로 나타났다. 건축자재의 석면 함유는 백석면이 2~10%까지 모든 건물의 천장재에 들어 있는 것으로 조사되었다. 석면은 10년 정도의 잠복기를 거친 후에 석면폐, 폐암, 중피종암 등 악성 암 발병의 원인이 되는 물질임에도 학교에는 석면 금지 조항이나 석면 관리 프로그램 자체가 없는 실정이다. 결국 우리 학교는 학생과 교사 모두를 병들게 하는 심각한 환경 수준에 처해 있으며, 문제가 더욱 심각한 것은 누구도 그런 상태가 중요한 문제라는 것을 인식하지 못한다는 것이다.

올해 비로소 '새집 증후군'을 막기 위해 '학교보건법'을 개정하려는 움직임이 일고 있다. 개정될 '학교보건법'에서는 '새집 증후군' 유발 물질만을 규제 대상으로 하고 있는데, 이것만으로는 부족하다. 학생과 교사를 병들게 하는 것이 유해한 공기만이 아니라 부적절한 책.걸상을 포함한 물리적 환경, 콩나물 교실, 과도한 학습 등이기 때문이다. 교실 면적만을 제시하고 있는 학교시설 기준에 대한 정비, '학교 보건법'의 개정 등과 병행하여 학급 당 학생 수를 35명 이하로 줄이고 법정 교원을 확보하는 일등교육 지표를 OECD 국가 수준으로 정비할 때에야 비로소 우리 교육은 사교육비 축소 등을 포함한 질적 도약을 할 수 있을 것이다.

(2005년 10월 17일, 한국교육개발원 교육정책포럼 기고)

인천교육운동의 발자취

1989년 5월 28일 연세대. 드디어 침묵과 굴종을 떨치고 이땅의 교사들은 일어섰다. 더 이상 군사독재의 시녀로 살지 않겠다고, 입시지옥으로 죽어가는 아이들을 살리겠다고, 성적과 부가 아이들을 가르고 시들게 하지 않겠다고, 비리로 얼룩진 교단에 정의를 세우겠다고 교사들은 고난의 길을 택했다. 1960년 4.19 혁명으로 열린 공간에서 한국교원노동조합을 건설하였다가 5.16 군사 쿠테타의 폭압으로 압살당한지 30년 만의 쾌거였다.

그로부터 17년의 세월이 흘렀다. 구속, 수배, 해직 등의 간난의 세월을 타고 넘어 전교조는 10년 만에 합법화를 이루고 9만명이 넘는 대중조직으로 성장했다.

합법화되는 해부터 인천지부 10년사를 써야겠다는 생각을 하고 자료을 모았다. 그리고 연표를 정리했다. 그러나 합법화된 전교조는 더욱 많은 과제에 부딪치고 할 일은 엄청나게 늘어나서 감히 역사 정리를 할 상황이 아니었다. 10년 간의 소수 조합원 시절의 활동 양상과 태도 등은 10배 이상 급격히 늘어난 조합원들과의 경험과 의식의 편차를 극복하기엔 어려움이 컸다. 같은 경험을 해도 해석이 달라 의견이 분분한 것이 세상사인데, 전교조 활동의 태동과 활동 내용을 둘러싼 의견은 더 말해 무엇하랴.

결국 4년 전 지부장에 출마하면서 공약으로 삼아 이제 출판을 하게 되었다. 그동안 또 7년의 세월이 흘렀다. 자료도 망실되고 기억도 흐릿하고 엉키기도 하고 성급한 것 같으면서도 더 이상 미룰 수 없었다.

교육운동이냐 교사운동이냐의 논쟁, 기존안과 비판안의 논쟁, 노동조합과 자주적 교원단체의 논쟁을 비롯해 다양한 논쟁이 있었지만 논쟁의 뿌리보다는 교사들의 고민과 행동이, 그리고 전교조의 사업과 활동의 실천적인 모습들이 단결의 구심점 역할을 할 것으로 판단했다. 그러다보니 인천교육노동 운동사가 백서 수준을 조금 넘어선 정도로 정리됐다. 가능한 한 당대의 시대상황이나 선언문 등 객관적인 자료를 기술해 맥락을 읽을 수 있도록 하고 다양한 활동 내용을 기술해 이후 활동에 참고가 되게 하고자 했다.

또한 전교조가 전국 단일 노조로서 많은 활동이 전국 사업인 바 지역과 밀착되지 못해 들뜬 감이 있었다. 하여 우리의 활동을 되돌아 보면서 지역속에 뿌리 내릴 수 있는 가능한 사업이나 인적 인프라 같은 것들도 고민의 한 축이다. 이제 인천교육의 비판 세력에서 인천교육의 한 축을 책임지며 비판을 넘어 대안의 중심으로, 나아가 열악한 인천교육의 희망을 제시하는 조직으로 거듭나고자 한다.

인천지부의 건설과 성장은 조합원들의 전교조에 대한 끝없는 애정과 헌신의 결과이다. 또한 지역 시민단체와 노동계, 법조계, 학계 등 제 양심 세력들의 지지와 연대가 자양분이었다. 인천 교육 운동의 씨앗을 뿌린 조용명 선생님의 징계를 끝내 반대하고, 인천지부 보금자리를 제공하고, 당신의 성당을 다니는 이들과 전교조 선생님들과의 만남을 소중히 여겨 지원해줬던 호인수 신부님. 해직교사 돕기 인천시민 걷기에 참여하고 전교조 엄호와 지원을 한

결 같이 해온 홍재웅 교수님. 인천 Y고협부터 인천교육을 위해 함께 고민하며 많은 서적과 강의를 통해 함께 해준 인천문화재단 이사장 최원식 교수님. 특히 인천 노동계의 대선배로 당시 인천지역 110여개의 노동조합을 조직해 전교조 지지 선언을 신문 광고에 게재하며 노동형제로서의 동지애를 나누게 해주었던 오순배 선배님. 거리로 경찰서로 전교조 일이라면 마다 하지 않고 뛰어다닌 박동일, 이진 목사님. 전교조 임시대의원대회를 성사시킬 수 있도록 교회를 제공해준 이규학 제일교회 목사님. 눈물 젖은 찬밥을 먹는 모습이 너무 안타까웠다고 회고하며 격려해준 초대 참교육학부모회장 김홍수님. 너무나 많은 고마운 분들이 전교조를 이렇게 자라도록 만들었다. 여기에 거명하지 못한 수많은 인천시민들과 노동 형제들의 사랑의 결실이다.

  더 나아가 4.19 교원노조와 관련된 자료들을 발굴하여 함께 정리하고자 했다. 지역운동의 뿌리를 찾아 당시 참가한 교육계 선배님들의 생각과 활동을 담아 전교조 운동의 폭과 깊이를 더하고자 하였다. 어렵게 이목 선생님의 4.19 교원노조운동사로부터 단서를 잡아 4.19 당시 활동했던 분들의 소식을 수소문하여 당시의 편린이나마 들을 수 있었다. 당시 수산고 훈육주임이었던 이동걸 선생님은 평양사범을 졸업하고 교편을 잡아 한국교원노조 경기도 대표를 맡았다가 구속되면서 감옥살이를 하고 고문 후유증으로 우울증에 시달리다가 끝내 세상을 달리했다. 가족들은 어렵게 생활하다 모두 이민을 갔다고 한다. 또한 당시 인천대표였던 한 선생님은 해직당하고 어렵게 생활하다 인천을 떠나 강원도 산골에서 20년간 농사를 짓다가 요즘 병환으로 인천에 다시 왔다고 한다. '나는 연금도 없어' 하시면서 옛날의 아픈 사연을 말씀하셨다. 그러나 그 분들은 아직도 말씀을 안하신다. 아니 못하시는 것 같다. 47년이 지난 지금도 교원노조는 복권되지 않았다. 혹시나 그분들의 가슴 속 깊은 상처를 헤집는 일이 되지 않을까 해서 더 이상 요구하진 않았다. 좀 더 시간이 필요하다고 생각을 했다. 특히 인천은 분단으로 피해를 많이 당한 도시이고 우리 나라 현대사의 아픔이 고스란히 간직돼 과거를 꺼내는 것이 쉽지 않은 도시이다. 통일의 그날을 당기기 위해 통일운동이 더욱 절실하다.

(인천교육운동사 발간사)

미래의 아이들을 위한 나눔이 행복입니다

'새해는 열어보지 않은 선물'이라는데, 임진년 첫날에 눈이 내렸습니다. 눈 덮인 들판이 빚어낸 아름다운 모습이 새해가 준 첫 선물이었습니다. 흑룡의 해에 감추어진 많은 선물들을 인천 참교육 장학재단에 함께 힘을 보태주신 모든 분들과 나눌 수 있기를 바라며, 지난 한 해 동안 후원해주신 회원님들에게 진심으로 감사의 마음을 전합니다.

2008년 6월 장학재단 설립 준비를 공식적으로 선포하고 발기인과 후원 회원을 모집하여 기금을 조성하였습니다. 지난 2년 6개월 동안 기금이 1억을 넘었고 참여하시는 발기인과 이사님, 후원회원 분들이 350명을 넘었습니다. 2010년 10월엔 초등학생 20명에게 20만원, 중학생 20명에게 30만원, 고등학생 20명에게 50만원씩 총 60명에게 2,000만원을 지급하였습니다.

많은 액수는 아니지만 참으로 보람찬 일이었습니다. 그러나 한편으로 고통스런 일이기도 했습니다. 164명의 지원 대상자 가운데 60명만 줄 수밖에 없었기 때문입니다. 우리 사회의 심각한 양극화 현상과 사업 실패, 가정 파탄, 실업 문제, 의료 문제 등으로 인해 자신들의 의지와 상관없이 우리 아이들이 얼마나 큰 고통을 겪으며 살고 있는지 절감했습니다. 우리 제자들이고 자식들인 인천의 아이들이 마음 놓고 꿈을 펼쳐 나갈 세상을 만들기 위해 좀 더 노력해야겠다는 다짐을 해보는 과정이기도 했습니다.

지금 우리 재단엔 출판업, 정육점, 인쇄소, 세무사, 사업가, 의사, 부동산중개업, 학원경영, 한글 아트서예, 시민운동가, 노동운동가, 노동자, 정치인, 상담 전문가, 주부, 회사원, 교사, 변호사, 연극인, 요식업 등 다양한 분들이 참여하고 있습니다. 한 분 한 분의 참여 사연들을 듣다보면 그 자체가 감동입니다. 특히 자신의 고생스러웠던 시절을 생각해서 매달 매출의 1%를 기부하고, 장학재단 내 사랑봉사단을 맡아 재능기부까지 해주시는 손사장님을 뵐 때나 장학재단의 모태가 된 고 김형선 선생님의 초등학생 두 아들이 장학재단 관련 소식을 실은 신문에서 '엄마'의 기사를 보고 돼지저금통을 뜯어 30여 만 원을 장학기금에 사용해달라고 기부했을 때는 콧등이 시큰했습니다.

존경하는 회원 여러분!

아버지의 재산 정도에 따라 자식의 학력이 결정되지 않는 세상, 모든 아이들이 똑같은 출발선에서 함께 시작할 수 있는 세상, 꿈을 키우려는 아이들 앞에 걸림돌을 치우고 디딤돌을 놓아 줄 수 있는 세상을 만들기 위한 우리들의 의지는 이제 첫발을 내디뎠습니다. 회원 여러분의 소중한 마음이 모여 앞으로 큰 울림이 되리라 믿습니다. 흑룡의 해인 2012년은 인천이라는 명칭을 사용한지 600년 되는 해이기도 합니다. 하여 금년엔 우리와 뜻을 같이 하실 분들이 600명으로 늘기를 소망해 봅니다. 회원 여러분들의 건강과 가정의 행복을 기원합니다. 감사합니다.

(참교육장학회 소식지 창간호 인사말)

재창간이라는 마음가짐으로
지역 언론의 횃불 되길…

2005년도 지역신문발전기금 우선지원 대상 신문사로 인천에서는 부평신문과 함께 인천일보가 선정된 것에 축하를 보냅니다. 인천이라는 지역명을 제호로 삼은 유일한 일간지이고 보면 인천 시민의 한 사람으로서 인천일보의 위상에 대해서 남다른 관심을 갖지 않을 수 없습니다.

우리 언론의 문제가 한두가지가 아니지만 그 중에서도 언론의 중앙집중화는 가장 중요한 문제라 아니할 수 없습니다. 지금까지도 신문 발행 부수의 92%, 방송프로그램의 90%가 서울에서 생산되어 전국화되는 구조였습니다. 공중파의 경우, 다른 지역에서는 지역 자체 방송을 생산하는 구조를 가지고 있지만 인천은 서울과 가깝다는 이유로 지역 공중파 생산의 필요성조차 오랫동안 느끼지 못한 상태였습니다. 신문의 경우, 전체 신문 구독자 중 인천, 경기의 지역 신문 구독자는 0.7%(2000년 통계)에 불과했습니다. 이런 악조건 속에서도 인천일보가 계속 발간되어 왔음은 경이롭기까지 합니다.

지방 자치제도의 정착 과정과 병행해서 지방 언론의 중요성도 나날이 커져가고 있습니다.

지금까지 지역 신문은 불건전한 재무 구조, 구독자의 외면, 신문 사주의 횡포, 그로 인한 기자들의 무기력, 지역 토호와 유착한 부패 등 갖가지 문제점을 보여 왔습니다. 지역신문발전 기금 우선 지원 대상으로 선정된 것을 기회로 삼아, 인천일보는 이같은 일반적인 문제점들을 주체적으로 해결해나가는 전기로 삼아야 할 것입니다. 발전 기금을 받고 난 뒤, 스스로 변화하는 노력을 기울이지 않는다면, 단지 인천일보의 불행으로 끝날 일이 아니기 때문입니다.

그러기 위해서는 편집자율권의 보장, 노동조합 활동의 보장, 투명한 경영, 신문사주의 부당 개입 차단 등을 위한 제도적 장치가 마련되어야 하리라 봅니다. 지역 주민의 알 권리와 지역 사회의 발전을 위해 노력하는 인천일보가 될 수 있도록, 풀뿌리 민주주의를 앞장서 실천하는 인천일보 노동조합이 되기를 바랍니다. 인천일보가 있어 인천 시민이 행복하고, 인천일보 때문에 인천 시민임을 자랑스러워 할 수 있도록 지역 속에 우뚝 서길 바랍니다.

(2005년 8월 23일, 인천일보 축사)

함께 가는 동지, 인천민족미술인협회

'민미협에 바란다'라는 글을 써달라는 청탁을 받고 아득했다. 진산중학교 김종찬 선생님의 부탁인지라 거절하지 못한 것을 이내 후회했다. 그러면서 곰곰 생각했다. 아마 내가 각종 전시회에 빠짐없이 참석해왔기 때문에 미술에 상당한 안목이 있을 거라는 지레짐작으로 청탁 대상자가 된 것이 아닌가 하는.

고등학교 때도 미술과는 거리가 멀었다. 대학 다닐 때에도 전시회 같은 곳을 가보지 않았다. 다만 문학을 공부하는 과정에서, 곁눈질로 예술에 관한 내용을 접했을 뿐이었다.

그랬던 내가 그림 전시회를 다니고 화가들을 만나게 된 것은 전교조 때문이었다.

89년 전교조 가입으로 해직된 뒤, 답동 사무실에 상근하면서 허용철 선생님, 장충익 선생님, 이종구 선생님을 만났다. 90년대 초, 신포동 나라미술관에서 열린 전시회에 참석한 것이 나의 첫 경험이었다. 어떤 작품들이 전시되었는지 기억나지 않지만, 나 같은 까막눈조차 보는 그 자체로 느낄 수 있는 그림, 이런 것이 미술이구나 하는 새삼스런 충격을 받았던 듯 하다. 사회 민주화의 욕구가 폭넓게 분출하던 시대였던지라, 미술계에서도 현실을 그대로 드러내는 것이 시대적 요구였던 게 아닌가 싶다.

그림 하면 현대미술의 난해함만을 떠올리며 주눅 들어 눈길조차 안주던 선입견을 날려 버린 첫 경험이었다. 그 후로는 거의 빠짐

없이 전시회에 갔다. 그림 보기도 좋았지만, 내심으로 매력 만점인 그림쟁이들을 만나는 즐거움이 더 컸다. 전교조 조합원이라는 공통 분모는 그들의 작품 세계를 더욱 더 잘 이해할 수 있게 한 요소이기도 했다.

당시 동산고 조합원이던 이종구 선생님, 김정렬, 정평한, 고창수 등을 통해 귀동냥으로나마 화가들의 작업과 고뇌, 그리고 그들의 삶에 대한 알음알이가 많아졌다. 당연히 그들의 활동 공간인 민미협의 역사나 지향점 등에도 관심을 갖게 되었다.

야만의 시대, 군부독재 정권의 모진 칼바람과 칠흙 같은 밤이 이 나라 사람들의 입과 귀를 막고 있을 때, 많은 미술가들이 현실을 외면하고 그림 속에서 고요하게 잠자고 있을 때, 현재를 살아가는 많은 사람들의 고통과 삶을 담으려고 몸부림치던 젊은 미술가들이 활동하던 공간이 민미협이었다. 그림은 가둘 수 있어도 화가의 정신은 가둘 수 없다는 그들의 치열한 인식, 현실에 대한 발언은 민주화의 진전을 이룩하는데 큰 기여를 했을 터이다.

인천문화 비평에 실린 민미협의 역사를 보며 지난 20여년의 치열한 그분들의 고민과 삶에 경외감을 느낀다. 한쪽으로는 현실에 대한 발언의 약화라든가 조직 운영의 어려움, 활동가들의 불안정한 생계 여건 등에 대한 말도 들린다.

전교조와 마찬가지로 민미협도 쉽지 않은 길을 걸어왔다. 89년, 구속과 1500여명의 교사들이 해직을 감수하면서 전교조를 결성한 결과, 이 땅의 민주화와 노동 운동의 영역이 확장될 수 있었다. 10년 만에 합법화가 되었고, 전교조는 9만이 넘는 대중조직으로 성장했다. 조직의 성장과 함께 전교조에 대한 질타의 목소리도 커져

갔다. 권력집단이 되었다는 둥 이기적 집단이라는 둥 초심으로 돌아가라는 비판을 자주 듣는다. 점점 교사들의 여론과 학교 밖 여론 간의 괴리를 느끼면서 참으로 갑갑하다.

　우리 사회에 넘쳐나는 신자유주의, 투기자본주의, 천민자본주의에 노동자, 서민의 삶은 여전히 고통스럽고 변화된 것은 아무 것도 없다. 사회양극화 현상은 갈수록 심화되고, 그 결과 사회 전체가 보수화되고 있다. 전교조를 만들게 하고 전교조를 지켜냈던 사회 민주화의 토대는 이제 점점 더 약화되고 있다. 곰곰이 되짚어 생각해봐도 전교조의 초심이나 지금 전교조가 추구하는 목표는 여전히 같다. 참교육-민족 민주 인간화 교육은 여전히 우리의 과제이다.

　올해 인천 민미협의 전시회 주제는 '窮民教育現場展'이었다. 교사와 학생 모두의 그림 속에서 궁핍한 이 시대의 교육 현장, 입시에 찌든 교실과 학교를 읽어내기란 어려운 일이 아니었다. 민미협에 몸 담고 있는 미술 교사들은 자신의 작품을 통해, 아이들과 함께 하는 미술 시간을 통해 우리 교육 현실을 고발하고 있다. 미술 교사가 아니라면 이러한 핍진한 작품들은 창작되지 못했을 것이다. 또한 이들이 아니었다면, 아이들의 작품들이 당당히 전시회의 한 축으로 자리 잡는 일은 없었을 것이다. 미술 교과서 속에 갇힌 미술을 생생한 삶 속으로 이끌어내려는 고민의 결과였다. 나의 고등학교 미술 시간이 이런 활동으로 채워졌다면 나는 좀 더 일찍 미술을 가까이 할 수 있었을 터였다.

　전시회를 통해 민미협이 던진 화두는 전교조를 들여다보는 맑은 거울이었다. 민미협의 지향은 전교조와 다를 수 없음을 다시 한번 깨닫게 한 전시회였다. 우리 동지 민미협. 함께 가는 이 길에 그대들과 당신들의 그림이 있어 행복하다.

(인천민족미술인협회 창립 기념 축사)